KARL BARTH
EN AMÉRICA LATINA

Alberto F. Roldán

EDICIONES
KAIROS

Copyright © 2019 Ediciones Kairós

Caseros 1275 - B1602ALW – Florida
Buenos Aires, Argentina
www.kairos.org.ar

Ediciones Kairós es un departamento de la Fundación Kairós,
una organización no gubernamental sin fines de lucro
dedicada a promover el discipulado cristiano y la misión integral
desde una perspectiva evangélica y ecuménica
con un enfoque contextual e interdisciplinario.

Dirigido por: C. RENÉ PADILLA
Revisión editorial: C. René Padilla, Elisa Padilla, Pablo Alaguibe
Diseño de portada: Gastón Mato
Diagramación interior: Alejandría Studio - studio@alejandria.site

Ninguna parte de esta publicación puede ser reproducida,
almacenada o transmitida de manera alguna
ni por ningún medio, sea electrónico, químico,
mecánico, óptico, de grabación o de fotografía,
sin permiso previo de los editores.

Queda hecho el depósito que marca la ley 11.723

Todos los derechos reservados
All rights reserved

Impreso en Argentina
Printed in Argentina

Roldán, Alberto Fernando
  Karl Barth en América Latina / Alberto Fernando Roldán ; dirigido por Carlos René Padilla. - 1a ed . - Florida : Kairós, 2019.
  194 p. ; 20 x 14 cm.

  ISBN 978-987-1355-84-6

  1. Teología. 2. Teólogos. I. Padilla, Carlos René, dir. II. Título.
  CDD 230.092

KARL BARTH
EN AMÉRICA
LATINA

Alberto F. Roldán

EDICIONES
KAIROS

*Para David,
a quien introduje desde la niñez
en los caminos barthianos.
Ahora soy yo quien aprende de él,
paso a paso.*

Umbral

¡Señor, Dios nuestro! Tú sabes quienes somos: hombres de buena y de mala conciencia; hombres satisfechos e insatisfechos, seguros e inseguros; cristianos por convicción y cristianos por tradición; creyentes, creyentes a medias e incrédulos.

Y sabes de dónde venimos: del círculo de los parientes, conocidos y amigos, o de una gran soledad; de un tranquilo bienestar o de apuros y estrecheces de toda clase; de una situación familiar ordenada o tensa o destrozada; de un círculo estrecho o de la amplia asamblea cristiana.

Mas hora estamos todos delante de ti y, pese a todas esas diferencias, somos iguales porque hemos obrado el mal ante ti y unos con otros; porque todos debemos morir algún día; porque todos estaríamos perdidos sin tu gracia; mas también porque tu gracia se nos ha prometido y otorgado a todos nosotros en tu amado Hijo, nuestro Señor Jesucristo.

Estamos aquí reunidos para alabarte porque podemos hablarte de nosotros. Porque esto ocurre en esta hora en que dejamos atrás el domingo y tenemos ante nosotros el trabajo de la semana; por eso te rogamos en nombre y con las palabras de tu Hijo, nuestro Señor, invocándote ¡Padre nuestro![1]

---

1. Karl Barth, Oración preparatoria para la predicación sobre Levítico 26.12. Culto vespertino de la *Bruderholzkapelle* de Basilea, 7 de octubre de 1956 en *Ensayos teológicos*, trad. Claudio Gancho, Herder, Barcelona, 1978, p. 35.

CONTENIDO

Prefacio del autor — 11

Prólogo de Leopoldo Cervantes-Ortiz — 21

Parte I: La teología

1. Karl Barth: de la crisis a la teología de la Palabra — 33

2. Karl Barth ¿teólogo existencialista? — 57

3. La contradicción entre revelación y religión — 73

4. Iglesia, sociedad, Reino de Dios y política — 89

5. La crítica de Karl Barth al nazismo — 115

Parte II: Presencia en América Latina

6. La recepción de Karl Barth en América Latina — 125

7. Barth, Brunner y Tillich: café brasileño — 163

8. Juan Stam: el último discípulo — 173

Conclusión — 183

Bibliografía — 187

Prefacio del autor

Hay pensadores que por su importancia merecen un análisis que puede adquirir la forma de meditaciones, reflexiones o ensayos interpretativos. Por caso, René Descartes suscitó las famosas *Meditaciones cartesianas*, elaboradas por el padre de la fenomenología, Edmund Husserl[1] y, más recientemente, las *Cuestiones cartesianas*, escritas por el filósofo francés Jean-Luc Marion[2]. En nuestro caso, queremos dedicar unos textos al pensamiento teológico de Karl Barth a modo de meditaciones, en este caso teológicas, que hemos titulado *Karl Barth en América Latina*. Se trata de un título simbólico ya que, físicamente, no nos consta que Barth hubiera estado alguna vez en América Latina. Sin embargo, la presencia de su obra y pensamiento en nuestro continente, culturalmente hablando, es notoria tanto en el ámbito protestante como en el católico. Entendemos que, junto a Rudolf Bultmann y Paul Tillich, integra acaso la trilogía más importante de la teología protestante del siglo XX. Los tres, precisamente, nacieron a fines del siglo XIX y sus obras merecen un estudio profundo que destaque la relevancia de sus pensamientos no solo para su época sino también para los tiempos actuales. Todo pensamiento profundo, tanto de naturaleza filosófica como teológica, siempre se extiende al futuro y es posible extraer de él derivaciones que nos ayuden a interpretar nuestro presente.

---

1. Edmund Husserl, *Meditaciones cartesianas*, trad. José Gaós y Miguel García-Baró, Fondo de Cultura Económica, México, 1986.
2. Jean-Luc Marion, *Cuestiones cartesianas*, trad. Pablo E. Pavesi, Prometeo Libros-UCA, Buenos Aires, 2012.

Comencé a saber de Karl Barth en mis primeros años de estudio de la teología. Fueron dos los profesores que de alguna manera incipiente me sembraron la inquietud de conocer la obra de Barth: uno, el doctor Miguel Ángel Zandrino, bioquímico y antropólogo físico, y otro, el doctor Samuel Escobar, educador y teólogo peruano. En muchas de sus clases mencionaban frecuentemente a Karl Barth y no dudaban en considerarlo uno de los más importantes teólogos protestantes del siglo XX. Zandrino consideraba a Barth como el más grande teólogo del siglo. Recuerdo que varias veces señaló que Barth consideraba a la Biblia como "la palabra humillada de Dios". En cuanto a Samuel Escobar, su conocimiento de la teología protestante de ese siglo se ponía de manifiesto en sus exposiciones en las que destacaba a Karl Barth y a los hermanos Reinhold y Richard Niebuhr. De este último citaba muchas veces su notable obra *The Kingdom of God in America* que analizo en el libro *Reino, política y misión* (Ediciones Puma, Lima, 2011). Pero en aquella primera etapa de estudios teológicos las referencias a Barth no pasaban de ser simplemente eso: referencias. No hubo estudios y ni siquiera lectura de sus textos. Posteriormente, en el Seminario Teológico Centroamericano, estudié formalmente la obra de Barth, casi exclusivamente en las clases del Dr. Emilio Antonio Núñez, con quien tenía el privilegio de platicar fuera de las aulas sobre los teólogos europeos, americanos y, sobre todo, latinoamericanos. Habiendo culminado mi carrera de bachillerato en teología en el Seminario Evangélico Presbiteriano de Guatemala y de profesorado en el Seteca, regresé a la Argentina. Tuve el privilegio de continuar estudios en el Seminario Internacional Teológico Bautista de Buenos Aires, y allí se produjo un *kairós* en mi estudio de la teología contemporánea, ya que los cursos del doctor Guillermo Stancil me permitieron profundizar

Prefacio del autor

en teólogos como Paul Tillich, Emil Brunner y, sobre todo, Karl Barth.

En los años 1990 alcancé cierta decantación de mis estudios barthianos al profundizar la lectura de la *Church Dogmatics, Bosquejo de dogmática, La oración, Introducción a la teología evangélica, La predicación del Evangelio* y *The Epistle to the Romans* que, a la sazón, todavía no estaba traducida ni al castellano ni al portugués. En esa década, cuando ejercí el rectorado del Instituto Teológico Bahía Blanca de la Unión Evangélica de la Argentina, invité al pastor David Baret, de la Iglesia Valdense de esa ciudad. Baret nació cerca de La Paz, norte de Entre Ríos, estudió en la antigua Facultad de Teología Metodista —posteriormente ISEDET e Instituto Universitario ISEDET— período en que fue influido por la teología de Barth. También realizó estudios en el Instituto Ecuménico Bossey de Suiza.[3] El pastor Baret era un "barthiano de ley" que gentilmente accedió a mi invitación para dar una charla sobre Barth y las Tesis de Barmen en el Instituto de referencia. Fue un fértil y ameno diálogo que se extendió a otras oportunidades. Fue él quien comentó que, en la redacción de esas Tesis, Barth disfrutaba de un café brasileño mientras redactaba el texto.

He publicado varios artículos sobre la teología de Barth, entre otros: "La importancia del comentario de Karl Barth a la Carta a los Romanos", "Carácter dialéctico de la justicia y praxis sociopolítica en Karl Barth" y "El círculo hermenéutico en las teologías de Juan Calvino y Karl Barth", todos incluidos en el libro *Reino, política y mi-*

---

3. Datos proporcionados por el pastor Álvaro Michelin Salomón en comunicación por email, 21 de marzo de 2019.

sión.⁴ Más recientemente, publiqué el ensayo "El comentario de Karl Barth a la Carta a los Romanos como un modelo preliminar de hermenéutica de texto".⁵ He dictado el curso de teología contemporánea en el Instituto Bíblico Bahía Blanca, el Instituto Bíblico Buenos Aires, el Seminario Internacional Teológico Bautista (una vez) y en el Instituto Teológico Fiet. Las clases sobre Karl Barth siempre suscitaron mucho interés de parte de los estudiantes y en todos los casos he sido enriquecido con sus discusiones y aportes.

Datos sobre el origen de los textos: el capítulo 1, titulado: "Karl Barth: de la crisis a la teología de la Palabra" ha sido escrito para la presente obra con la intención de ofrecer una semblanza del teólogo suizo, destacando sus orígenes en una familia reformada, su vocación para dedicarse a la teología, sus estudios en Alemania y los cambios que se produjeron en él a su regreso a Suiza. También expongo lo que Barth entendía por "teología": una "ciencia extraña" pero a su vez, hermosa como ciencia humana. Finalmente reflexiono sobre los modos en que se ha denominado a la teología barthiana y su importancia como "teología de la Palabra".

En el capítulo 2 nos preguntamos si a Karl Barth se lo puede considerar como un teólogo existencialista. La pregunta surge al tomar conocimiento de un diálogo que se suscitó entre Barth y Emilio Castro cuando éste estudiaba con Barth en Basilea. En un momento, el teólogo uruguayo comentó a Barth que cierto filósofo argentino había publicado un libro en el cual lo incluía a él como un

---

4. Alberto F. Roldán, *Reino, política y misión. Sus relaciones en perspectiva latinoamericana*, Ediciones Puma, Lima, 2011.
5. Alberto F. Roldán, *Hermenéutica y signos de los tiempos*, Ediciones Teología y Cultura, Buenos Aires, 2016, capítulo 7.

Prefacio del autor

pensador existencialista y que, en su presentación, el filósofo decía que Barth no había escrito nada acerca del destino de los animales. A lo cual Barth le respondió que seguramente no habrá leído toda su Dogmática, porque en ella hay referencias puntuales al destino de los animales. Mi investigación me condujo a buscar ese libro hasta dar con él. Se trata de la obra de Vicente Fatone: *La existencia humana y sus filósofos*[6], en la cual el filósofo y místico argentino interpreta a Barth junto a pensadores de la talla de Heidegger, Jaspers, Berdiaev y Sartre, entre otros. Grande fue mi sorpresa cuando advertí que en el capítulo que Fatone consagra a Barth pone de manifiesto haber recorrido toda su obra, lo cual me condujo a elaborar ese capítulo donde planteo si es posible definir a Barth como un teólogo existencialista y, en todo caso, a qué tipo de existencialismo se lo podría asociar.

El capítulo 3, referido a la contradicción entre revelación y religión según Karl Barth, es el primer texto que escribí, en noviembre del año 1990 en Bahía Blanca, para un curso que dicté en el Instituto Bíblico de esa ciudad. Unos pocos años antes, mi hijo David, casi a

---

6. Vicente Fatone, *La existencia humana y sus filósofos*, Editorial Raigal, Buenos Aires, 1953. Recientemente, por influencia una vez más de mi amigo Leopoldo Cervantes-Ortiz, descubrí al narrador estadounidense John Updike, en cuyas novelas aparece en nítido relieve Karl Barth, su teólogo predilecto, según confiesa. En una de esas novelas, *La versión de Roger*, el personaje central echa mano de la obra de Barth para refutar y dejar casi en ridículo a un personaje que viene a él para demostrarle la existencia de Dios a partir de la teoría del Big Bang. En un momento del diálogo, la voz narradora dice: "aproveché el momento para repasar una cita de Barth. Recordé que contenía una serie de vías conducentes a Dios. Estaba casi seguro de que era de *La palabra de Dios y la Palabra del Hombre*. [...] Con solo hojearlo, sentí la fuerza soberbia de los párrafos de Barth, su magnífica y cabal integridad y su energía en el reino de la prosa, concretamente de la prosa cristiana, que suele caracterizarse por la flojedad intelectual y su falta de sinceridad. 'El hombre es un enigma, y su universo, aunque vívidamente visto y sin sentido, es una pregunta... La solución del enigma y su respuesta a la pregunta, la satisfacción de nuestra necesidad, es el acontecimiento absolutamente *nuevo*...'" John Updike, *La versión de Roger*, trad. José Ferrer, Plaza & Janes Editores, Barcelona, 1986, p. 39. Cursivas originales.

hurtadillas, pasaba por la puerta del aula para escuchar la exposición. Con ligeras actualizaciones, el texto reproduce lo que elaboré para el curso de referencia.

El capítulo 4, "Iglesia, sociedad, Reino de Dios y política", expone la importancia de la relación entre Iglesia y sociedad respecto del Reino de Dios y la política. Para su elaboración no solo fueron importantes los textos que ya conocía, y el texto base fue escrito para mis clases de teología contemporánea que desarrollé en el recordado Seminario Antonio de Godoy Sobrinho en Londrina, Brasil, durante los hermosos años 1999 a 2001 en que viví allí junto a mi esposa Emilia. Sin embargo, el contenido del capítulo ha sido enriquecido con una obra de más reciente publicación: *Karl Barth in conversation*[7] que adquirí en Boston durante la Annual Meeting of Society of Biblical Literature, a la cual fui invitado para exponer las más recientes tendencias de la escatología en América Latina. En esa obra podemos ver a un Barth que responde apasionadamente a muchas preguntas que le formularon estudiantes y colegas en varios seminarios e instituciones teológicas de Europa y Estados Unidos sobre el papel político de la Iglesia en el mundo, la centralidad del Reino de Dios y el involucramiento cristiano en esa área decisiva de la vida humana. Creo que muchas de las definiciones de Barth en esos diálogos tienen una relevancia notable en el presente de los protestantes y evangélicos en América Latina hoy y su participación en la vida política concreta de nuestros pueblos.

Casi como una continuación del tema político, en el capítulo 5

---

7. Karl Barth, Eberhard Busch, editor, *Karl Barth in conversation*, volume 1, 1959-1962, Westminster John Knox Press, Louisville, 2017.

analizo el posicionamiento decidido y crítico de Karl Barth frente al nazismo, y su participación en la elaboración de las Tesis de Barmen en las que la Iglesia confesante se pronuncia en contra de la hegemonía de Adolf Hitler y su política de exterminio de los judíos. El texto es una actualización –con el recurso de nuevas fuentes– de un tema que hemos abordado en otras ocasiones.[8]

El capítulo 6 está consagrado a hacer un recuento de la recepción de Barth en el ámbito latinoamericano, destacando su influencia en el movimiento Iglesia y Sociedad en América Latina (ISAL), luego en la Fraternidad Teológica Latinoamericana (FTL) y finalmente en la Teología de la Liberación. Pongo de manifiesto que fueron tres los latinoamericanos que estudiaron con Karl Barth: el metodista uruguayo Emilio Castro, el bautista Rolando Gutiérrez-Cortés de Nicaragua y con un amplio ministerio pastoral en México y, finalmente, Juan Stam –estadounidense que adoptó la nacionalidad costarricense–, destacado biblista a quien tuve el privilegio de hacerle una entrevista.

El capítulo 7 recrea un trabajo que, inicialmente, escribí para la cátedra de teología contemporánea que tomé con el doctor Guillermo Stancil en mayo de 1982 en el Seminario Internacional Teológico Bautista de Buenos Aires. El texto se ha modificado (*mutatis mutandi*) y se puede aplicar la ley de Lavoisier: "nada se pierde, todo se transforma". En efecto, de un estilo académico ha devenido en el cuento que escribí en mayo de 2017, titulado "Karl Barth, Emil Brunner y Paul Tillich: café brasileño." Pese a su carácter ficcional –acaso por influencia borgesiana– los contenidos medulares

---

8. Cf. *Reino, política y misión*, Ediciones Puma, 2011, pp. 117-123.

son estrictamente históricos, sobre todo en lo que se refiere a las cuestiones teológicas. Confieso, también, que para elaborar este diálogo "ficticio", me inspiró la lectura del filósofo italiano Sergio Givone que inicia su *Historia de la nada* justamente con una introducción que subtitula entre paréntesis: "(en forma de diálogo entre el autor y un lector hipotético)".[9]

La obra se cierra con la memorable entrevista que en mayo de 2017 realicé al colega y amigo, doctor Juan Stam, en San José de Costa Rica. La doctora Ruth Padilla tuvo a bien concertar esta entrevista histórica a quien, con gran emoción, denomino "el último discípulo" por ser testimonio vivo de Karl Barth como estudiante latinoamericano del gran teólogo reformado.

Los lectores advertirán que el contenido del libro responde a una diversidad de géneros literarios que van desde la exposición académica a la ficción en el capítulo 2 y la entrevista en el último capítulo. Parto de la afirmación de Todorov que afirma: "Un libro no pertenece ya a un género, cualquier libro depende solamente de la literatura".[10] En la presente obra, la elección de cada género estuvo en relación directa con el contenido de cada capítulo.

El presente libro se abre con un "umbral", puerta de acceso a toda la obra. Se incluye allí una oración pronunciada por Barth antes de una predicación sobre Levítico 26.12. Lo he incluido porque creo firmemente que allí está, *in nuce*, toda la teología de Barth en una

---

9. Sergio Givone, *Historia de la nada*, 2da. Edición, trad. Alejo González y Demian Orosz, Laura Hidalgo editora, Buenos Aires, 2009, pp. 7ss.
10. Tzvetan Todorov, *Los géneros del discurso*, trad. Víctor Goldstein, Waldhuter, Buenos Aires, 2012, p. 58

oración, ya que destaca a Dios como Padre nuestro y la gracia de Jesucristo, su amado Hijo. Además, esa oración está atravesada por la clásica dialéctica barthiana: hombres de buena y de mala conciencia, hombres satisfechos e insatisfechos, cristianos por convicción, a medias o directamente incrédulos, parientes, amigos y conocidos, de familias ordenadas, tensas o destrozadas. Pero todos, delante de Dios para oír su Palabra desde la cual, por la cual y para la cual existimos en el mundo.

Hago propicia esta presentación para dejar constancia de mi gratitud a LOGOI Inc. (1980-1993) –a la memoria de su fundador, el Rev. Les Thompson– y a la Presbyterian Church USA (1999-2001) –por gestiones del Rev. Eddie Soto–, instituciones que en Argentina y en Brasil, respectivamente, me hicieron sentir un profesional de la teología en todo el sentido del vocablo y me permitieron dedicarme de lleno a mi vocación.

Mi gratitud más profunda a Juan Stam, que gentilmente accedió a ser entrevistado en Costa Rica; a la profesora Mabel Cámara, que desgrabó esa entrevista; a Leopoldo Cervantes-Ortiz que ennoblece mi texto con su esmerado prólogo; a mis hijos Myrian, David y Gerardo, que representan el legado más importante que puedo dejar en este mundo y, como siempre, a mi amada Emi que me ha acompañado fiel y amorosamente en la larga trayectoria teológica que hemos vivido juntos en Argentina, Guatemala y Brasil.

Soli Deo gloria.
Alberto F. Roldán
Ramos Mejía, Cuaresma de 2019

KARL BARTH: UNA TEOLOGÍA DIALÉCTICA PARA TODO TIEMPO

Leopoldo Cervantes-Ortiz

> *La comunidad cristiana está fundamentada en el reconocimiento del Dios que, siendo Dios, se hizo hombre, convirtiéndose de ese modo en prójimo del ser humano. Lo cual conlleva inevitablemente que la comunidad cristiana se ocupe ante todo del ser humano, y no de ninguna otra cosa, tanto en el ámbito político como en cualquier otra circunstancia. Después de que Dios mismo se hiciera hombre, el ser humano es la medida de todas las cosas.*
>
> KARL BARTH, *Dogmática de la Iglesia*, III/2

La gran teología protestante europea del siglo XX, marcada por sus nombres más sobresalientes como Albert Schweitzer, Rudolf Bultmann, Karl Barth, Paul Tillich, Emil Brunner, Oscar Cullmann, Dietrich Bonhoeffer, Jürgen Moltmann, Wolfhart Pannenberg, Dorothee Sölle... (mencionados en orden estrictamente cronológico), ha tenido tanta influencia que, para muchos, ya debería ser superada y olvidada. Lejos de ser posible esto, resulta difícil cerrar los ojos ante este cúmulo de pensadores/as que, con escaso margen de error, permite afirmar que ese siglo fue "un nuevo siglo de oro" para esta teología. Incluso sus detractores más acérrimos están de acuerdo en que aún no es posible digerir a plenitud los alcances de semejante producción. O, como escribió Manuel Fraijó a la muerte de Pannenberg, en buena parte del siglo XX "no se sentía necesitada de proyectos alternativos. Los nombres de Barth, Bultmann y Tillich lo llenaban todo; no había señales de cansancio ni de crisis".

Entre toda esta pléyade de testigos de la fe cristiana, Karl Barth se destacó desde un principio por los grandes riesgos que asumió luego de recibir una formación convencional y predecible. Pero si se trató de superar precisamente el liberalismo, arriesgándose a generar una ortodoxia con otro rostro, Barth lo hizo con una intensidad profética poco común. Si se trató de desarrollar en profundidad una nueva teología de la Palabra de Dios, el pensador suizo llevó a cabo esa labor de manera impecable. Si, por otro lado, se buscaba alcanzar, además de una sana fidelidad al Evangelio, pertinencia socio-política ante coyunturas extremadamente exigentes, Barth también pasó la prueba mediante su enérgica defensa de la obediencia a Jesucristo antes que a los poderes de su tiempo (léase el nazismo previo a la Segunda Guerra Mundial). El documento, casi totalmente suyo, es quizá el mayor testimonio de teología política del siglo pasado. Asimismo, Barth asumiría retadoramente las contradicciones de su tiempo al fijar una postura tajante en contra de lo que veía como una glorificación de la religión, fruto del liberalismo de fines del siglo anterior que conoció bastante bien. No en balde uno de sus trabajos mayores fue la reconstrucción histórica de esa teología. El debate que mantuvo con su colega Brunner al respecto de las posibilidades de la teología natural alcanzó dimensiones épicas.

José María G. Gómez Heras, notable especialista español cuyo encomiable trabajo panorámico ha sido recuperado atinadamente por Alberto Roldán en este libro (hay pocos tratamientos tan agudos de la teología barthiana) señaló con valor y precisión la importancia de esta vertiente teológica para la totalidad del cristianismo contemporáneo: "Contra el racionalismo naturalista de la teología liberal, contra su reducción del cristianismo a un fenómeno de la religiosidad subjetivo-natural del hombre, reacciona la gran generación de teólogos protestantes de entreguerras capitaneados por Karl Barth, profesor de dogmática en Basilea". En su incisivo análisis, agrega: "Común a todos los representantes de la teología dialéctica, además de la global repulsa de la teología liberal, es la íntima conexión con la filosofía existencial y el retorno a los grandes maestros de la Reforma: Lutero, Calvino, Melanchthon... tan olvidados en la centuria precedente. A través de los reformadores redescubre de nuevo la Biblia".

Una enjundiosa frase de Roldán viene muy bien a cuento para cerrar esta pequeña introducción:

> Barth nos conduce de la teología de la crisis a una teología de la Palabra de Dios en un camino nada fácil y tomando sus riesgos. Ya que, en algún sentido, Barth es un signo de contradicción [S. Neill]: para los liberales, alguien que no entendió la teología que le enseñaron en Alemania y produce un lamentable retroceso; para los fundamentalistas —en una mixtura entre ignorancia y superficialidad— alguien que "no creía en

la Biblia" y se disfraza dentro de un ropaje aparentemente evangélico. Lo real es que Barth inaugura un nuevo camino: mediante un paciente trabajo de exégesis bíblica y rastreo de fuentes patrísticas y de la tradición protestante, Barth libera a la teología del lecho de Procusto en el que había sido confinada.

Ahora que están cumpliéndose los 100 años de la aparición de la primera edición de su *Carta a los Romanos*, gran manifiesto que revolucionó el ambiente teológico a nivel mundial, es una excelente oportunidad para releer algunas de las grandes obras barthianas, comenzando justamente con ese libro fundador que lo estableció como un auténtico profeta de la fe cristiana, a contracorriente de las modas de su momento y que, poco a poco, desembocaría en la monumental *Dogmática de la iglesia*. Cuando finalmente vio la luz la traducción castellana de la *Carta a los Romanos*, Manuel Gesteira Garza la presentó así:

> Este comentario constituye el punto radical de ruptura entre la teología del siglo XIX y la del XX. En contraposición a su postura inicial, tendente a la identificación entre socialismo y reino de Dios, Barth descubre ahora que la Biblia, más que de nuestra relación con la divinidad (propio de la religión o la ética), habla de la relación de Dios con nosotros: del reino de Dios, que no es reductible a un movimiento político o económico, ni siquiera a la religión (o religiosidad) como hecho humano. Su lema será el de una absoluta disociación entre la inmanencia y la trascendencia: "el mundo es mundo, y Dios es Dios".

Esas dos obras muestran la escasa suerte que ha tenido Barth en nuestro idioma, pues dicho comentario se publicó a 80 años de su

Prólogo de Leopoldo Cervantes-Ortiz

aparición original, y del segundo únicamente han aparecido fragmentos, muy significativamente los publicados por Daniel Vidal bajo el título La revelación como abolición de la religión (1973). Antes de Vidal, los desvelos del teólogo español Manuel Gutiérrez Marín dieron brillantes frutos, pues su versión del Bosquejo de dogmática (1954) fue durante largos años la única puerta de acceso a esta teología crítica, deslumbrante y, por momentos, contradictoria. A él se debe una de las obras pioneras en español sobre Barth: Dios ha hablado. El pensamiento dialéctico de Kiekergaard, Brunner y Barth (1950), que también ha sido rescatado en el volumen que nos ocupa. Gutiérrez Marín y Richard Shaull fueron, indiscutiblemente, los introductores de Barth al ambiente protestante latinoamericano. Los otros títulos ocuparon, progresivamente, su lugar en el imaginario evangélico de esta región: Comunidad civil y comunidad cristiana (1967, con prólogo de Emilio Castro), La proclamación del Evangelio (1969), Al servicio de la Palabra (1985), Ensayos teológicos (1978), La oración (1978) y, especialmente, Introducción a la teología evangélica (1986), con introducción de José Míguez Bonino, entre otros.

Ante la abrumadora publicación y escaso olvido que ha sufrido Barth en los demás idiomas, en castellano se ha padecido una dolorosa ausencia de reediciones y nuevas traducciones, pues luego de la aparición del Bosquejo de dogmática (en 2000) y de la antología Instantes (elaborada por Eberhard Busch, en 2005; en catalán apareció Credo, en 2014) no han vuelto a publicarse nuevos títulos. Acaso influya en ello cierta "mala fama" que se le creó en los círculos del protestantismo más conservador, pues se le llegó a ver como un fantasma capaz de desencaminar a los estudiantes o pastores más sinceros en su abordaje de la ortodoxia. Especialmente negativa, durante mucho tiempo, fue la influencia de Louis Berkhof y Cornelius van Til. Con este último, Barth se encontró personalmente en Estados Unidos y le reclamó airadamente la forma en que se expresaba de él. En la descabellada percepción de ambos, la palabra "barthiano" designaba una especie de alusión al anticristo o algo peor. Lamentablemente, esa línea, de talante holandés conservador, sigue teniendo cierto impacto en las zonas menos atentas de las iglesias de habla hispana. Muy diferente fue la forma en que otros como G. C. Berkouwer, Hans Urs von Balthasar y Hans Küng han dialogado con la teología barthiana.

Por supuesto, de todas estas obras y de todo lo que tuvo a su alcance ha echado mano Alberto Roldán en este nuevo acercamiento a Barth, pues lo ha seguido persistentemente en varios de sus trabajos, siempre acotando sus aportaciones y con la mirada fija en su aplicabilidad presente para las iglesias latinoamericanas. Este nuevo esfuerzo no es la excepción y, desde su título, manifiesta con sonora claridad la vocación eclesial y pastoral de la investigación, aunque sin dejar de integrar abordajes llamativos y poco conocidos como los de Jacob Taubes o Vicente Fatone, ambos filósofos.

Roldán lleva a cabo un magnífico panorama de la vida y obra de Karl Barth y de su relación con América Latina, en particular. Sin afán de revisar el contenido del libro, pues los lectores podrán sumergirse en él gozosamente, incluso de manera aleatoria, pues a ello invita la autonomía de cada capítulo, se hablará aquí de sus alcances y, sobre todo, de la gran necesidad que había de un volumen como éste en el ambiente protestante latinoamericano. Los aspectos biográficos son presentados por el autor de manera ágil para entrar inmediatamente a desarrollar la evolución del pensamiento teológico barthiano en el esquema seleccionado: de una "teología de la crisis" a una "teología de la Palabra", pues ambos enfoques han servido para definir este esfuerzo monumental por pensar la fe cristiana. Para ese fin, se sirve de un conjunto de lecturas bien asimiladas con el paso del tiempo y que le permitieron abordar al teólogo suizo en anteriores oportunidades con bastante fortuna. Se destaca, como debe ser, el impacto de la *Carta a los Romanos* (en las sucesivas ediciones desde 1919) como detonante de un trabajo incesante que desembocó en la *Dogmática de la Iglesia* (desde 1932 hasta su muerte, en 1968), la inacabada suma que ocupó a Barth durante buena parte de su vida y por la que es reconocido unánimemente.

En su evaluación personal de la primera obra, Roldán recurre a un texto anterior que sintetiza muy bien el método utilizado: "La exposición que Barth hace de la Carta a los Romanos implica un método que podemos denominar dialéctico-crítico-paradójico. Barth no pretende hacer el comentario definitivo a la obra ya que, como bien señala en el prólogo a la primera edición, 'su aportación no quiere ser más que un trabajo preliminar que pide a gritos la colaboración de otros'". Al insistir en el aspecto hermenéutico de este método, es aún más puntual: "Barth no desconoce su importancia, pero les responde que su interés no es saber lo que Pablo quiso decir a la gente de su tiempo, sino descubrir el mensaje para el ser humano de siglo 20". Porque existe un enorme consenso de que ese libro primigenio no es un comentario bíblico usual sino que constituye un gran salto en el vacío existencial propiciado por el fin de la Primera Guerra Mundial que fue capaz de colocar el molesto optimismo de la predominante teología liberal de la época en el lugar que le correspondía. En palabras de Roldán, en ese comentario Barth "ejercita una dialéctica entre la comprensión y la explicación y se constituye en una dialéctica circular en el ser-ahí (*Dasein*) de tan rico y profundo desarrollo en la filosofía de Heidegger". De ahí los epítetos o denominaciones que se granjeó Barth con su nueva manera de afrontar el legado cristiano con una mirada desencantada y en busca de una refrescante fidelidad al Evangelio, más allá de la cultura que lo había domesticado y pretendido poner a su servicio: la crisis (en el sentido de juicio), la dialéctica (en cuanto a su magistral manejo de la paradoja) y de la Palabra (por su renovada comprensión de la revelación y de la Biblia). Después de todo, "Nadie puede apropiarse del Evangelio como si fuera su propiedad privada. El Evangelio es de Dios y hay teología evangélica solo allí donde se revela el Dios del Evangelio, que es origen y norma de esta teología que, insiste Barth, sigue siendo siempre una ciencia humana".

La *Dogmática*, lejos de ser un monumento es, para este expositor, una auténtica pista de despegue que permite dialogar con cuanto avance teológico surja, hasta la fecha, tal y como ha acontecido con las lecturas que ha recibido. Una de las más notables sugerencias que brotan del contacto con ella es la redefinición de lo que es la teología, comprendiendo a cabalidad su grandeza y sus miserias, al mismo tiempo, desde el peculiar estilo barthiano. De ahí que el debate sobre el existencialismo de la teología barthiana cobre especial relevancia al momento de evaluar la aportación del filósofo argentino Vicente Fatone (1903-1963), notable especialista en historia de las religiones, en uno de los capítulos más novedosos del libro. Fatone estudió a Barth al lado de otros pensadores como Berdiaev, Heidegger, Sartre, Marcel y Zubiri, una envidiable compañía. Barth también refulge en el análisis de Fatone, pues según él, estamos en presencia de una "durísima teología".

Una perspectiva similar surge en los capítulos que Roldán dedica a la contradicción barthiana entre revelación y religión, iglesia y sociedad, Reino de Dios y política (tema que ha desmenuzado ampliamente en otras oportunidades), y la crítica del teólogo suizo al nazismo, pues en ellos se destaca la enjundiosa forma en que Barth pasó de la "teoría" a la acción, especialmente en su actuar contra las pretensiones del gobierno alemán durante la Segunda Guerra Mundial. Fue en ese contexto que se redactó la Declaración de Barmen, casi totalmente elaborada por él. El tránsito a la arena política en una situación tan extrema se anunciaba desde los tiempos del comentario a Romanos. En ese sentido, el pequeño volumen *Comunidad cristiana y comunidad civil* sigue siendo vigente: "La comunidad cristiana existe como tal en el terreno político y, por tanto, tiene necesariamente que aplicar y luchar por la justicia social. A la hora de elegir entre las diversas posibilidades sociales (¿liberalismo social?, ¿asociacionismo?, ¿sindicalismo?, ¿economía del libre cambio?, ¿moderacionismo?, ¿marxismo radical?) se decidirá por la que en cada caso (después de apartar todos los otros puntos de vista) le ofrezca una medida máxima de justicia social".

Los tres últimos capítulos del libro muestran la capacidad del autor para ocuparse del asunto central del libro: cómo fue recibida la teología de Barth en América Latina desde mediados del siglo pasado. Éste es el meollo de libro y la gran aportación de su autor, apasionado como es, simultáneamente, de la gran teología protestante y de la misión cristiana en el subcontinente. No faltará quien diga que insistir en la recuperación de teólogos como Barth y otros/as teólogos europeos debería ceder su lugar a la descolonización del pensamiento cristiano en estas tierras, pero lo cierto es que justamente ese proceso ideológico y cultural tan necesario no se puede realizar sin antes conocer a conciencia a los mayores representantes de la teología en Occidente, como es el caso.

Roldán destaca los nombres pioneros del teólogo y pastor español Manuel Gutiérrez Marín (1906-1988), traductor, difusor y profundo conocedor de la obra barthiana, cuyo libro *Dios ha hablado. El pensamiento dialéctico de Kierkegaard, Brunner y Barth* (1950), basado en las conferencias expuestas en Buenos Aires un año antes, es un auténtico hito sobre la recepción en lengua castellana. Destaca además a la revista mexicana *Luminar*, que desde 1938 publicó artículos alusivos a Barth. También a quienes fueron sus discípulos, directos o indirectos: José Míguez Bonino, Emilio Castro, Rubem Alves, Julio de Santa Ana, Rolando Gutiérrez Cortés y Juan Stam; el segundo (quizá el más destacado) y los dos últimos estuvieron, literalmente, a sus pies en Europa. Juan A. Mackay y Gustavo Gutiérrez son otras referencias ilustres. Hay una cita de Castro que, aun en estos días, alcanza una vigencia inesperada. A la pregunta obligada ("¿Cómo puede ayudarnos Barth?"), Castro respondió (¡en 1956!):

> Su doctrina de la Palabra de Dios, de la cual depende su doctrina de las Escrituras, le da la posibilidad de salvar ambos valores, sin comprometerlos por medio de la adhesión a ideas extrañas al mismo testimonio bíblico. No puede ayudarnos el fundamentalismo, en cuanto negando los derechos de la moderna investigación pretende aferrarse a una letra antigua. Barth nos hará ver que la doctrina de la inspiración verbal de las

Prólogo de Leopoldo Cervantes-Ortiz

Escrituras que nace en el siglo XVII se establece en la lucha contra el racionalismo, pero es en sí misma un producto del mismo racionalismo. Es el intento de convertir a la fe y a su conocimiento indirecto en un saber directo, hacer de la revelación un objeto fijo de experiencia (*Erfahrung*) profano.

Sin temor a equivocarse es posible afirmar que toda una generación de estudiosos evangélicos latinoamericanos recibió su influjo, incluso quienes trataron de marcar distancias con él, como sucedió con algunos integrantes de la Fraternidad Teológica Latinoamericana, tal como lo explica Roldán. Todos ellos, seguidores o detractores, lo leyeron y aplicaron libremente según su situación, aun cuando el empuje del rechazo hacia su trabajo fue muy vasto en algunos países. El autor no oculta su simpatía por el tono "progresista" que resultó de la lectura del teólogo suizo, además de la de Bonhoeffer, pues un movimiento como Iglesia y Sociedad en América Latina resultaría impensable sin la huella que dejaron ambos, mediada por el teólogo y misionero presbiteriano Richard Shaull (1919-2001). Así lo expuso también recientemente Luis Rivera-Pagán en el coloquio anual sobre Barth en el Seminario de Princeton (2018), en el que lo mostró como un auténtico precursor de la teología latinoamericana de la liberación, especialmente a partir de su elaboración de una "teología de la revolución".

La pasión que le produce el tema llevó a Roldán a elaborar, creativamente, un "diálogo brasileño" entre Barth, Bultmann y Tillich, en el que los hace hablar desde sus respectivas posiciones, fundamentadas en su gran experiencia y reflexión. Huelga decir que los personajes alcanzan bastante consenso, más allá de sus diferencias.

Finalmente, el volumen se cierra con una entrevista a Juan Stam, "último discípulo" de Barth, quien rememora a su maestro desde una perspectiva más personal y afectiva. Con ello se cierra el círculo de este análisis riguroso que abre la puerta para encontrarse (o reencontrarse) con una de las aventuras teológicas más controversiales, pero efectivas, que hayan tenido lugar en el cristianismo occidental. Roldán, como intérprete y divulgador de la obra barthiana, comparte obsesivamente el contagioso interés por la obra de uno de los mayores teólogos del siglo XX.

Cerramos este prólogo con unas palabras del escritor estadounidense John Updike (1932-2009), profundo conocedor de la obra de Barth (en su mesa de noche estuvo mucho tiempo un ejemplar del comentario a Romanos) y prologuista del librito dedicado por éste a Mozart (1956). A la pregunta sobre su elección de una religión del *Sí*, respondió:

> Sí, lo hice. Y esa terminología la obtuve de Karl Barth, quien de entre los teólogos del siglo XX me pareció el más reconfortante e intransigente. Él descarta todos los intentos de hacer que el teísmo sea naturalista... Era muy claro que se trataba de la Escritura y nada más. Encuentro esto difícil de aceptar, pero me gusta ver que Barth lo acepta, y me gusta su tono de voz. Habla sobre el *Sí* y el *No* de la vida, y dice que ama a Mozart más que a Bach porque Mozart expresa el *Sí* de la vida.

Leopoldo Cervantes-Ortiz

Ciudad de México, 28 de marzo de 2019

Capítulo 1

Karl Barth: de la crisis a la teología de la palabra

> Ser o llegar a ser teólogo, en el sentido más estricto o más amplio de la palabra, es algo que "no ocurre" (no se da), sino precisamente a la luz del asombro radical y fundamental que es lo único que lo puede provocar. Es una manifestación concretísima de la gracia.[1]
>
> Karl Barth

¿Por qué es importante estudiar a Karl Barth? ¿En qué consiste su aporte decisivo a la teología cristiana del siglo 20? Estas son las preguntas que guían nuestra búsqueda. Como bien dijera Karl Adam en imagen rotunda: el comentario de Karl Barth a la carta a los Romanos fue una bomba de tiempo que cayó en el terreno de los teólogos. A cien años de la publicación de ese comentario, corresponde preguntarnos por qué constituyó un giro copernicano de la teología cristiana. Se podría decir que la teología cristiana en el siglo 20 se divide en "antes de Barth" y "después de Barth" ya que esa disciplina que, para Barth es "ciencia", no queda indemne luego de su

---

1. Karl Barth, *Introducción a la teología evangélica*, trad. Elizabeth Linderberg de Delmonte, La Aurora, Buenos Aires, 1986, p. 90.

monumental obra. Solo con mencionar su Kirchliche Dogmatik que consta de 9.000 páginas nos daremos cuenta de la dimensión de su trabajo teológico al punto de que su obra lo constituye como un Tomás de Aquino protestante. ¿Quién fue Barth? ¿Dónde se formó? ¿Cuáles fueron sus maestros? Y, finalmente, ¿por qué podemos afirmar que su teología es una teología de la Palabra?

Ámbito familiar de Karl Barth

Karl Barth nació en Basilea, Suiza, el 10 de mayo de 1886, dentro de una familia protestante, más específicamente, reformada. Su padre –Fritz Barth– era pastor de la Iglesia Reformada Suiza y profesor de la escuela de predicadores en Basilea. El ámbito de su familia estaba impregnado del pietismo al punto que, según comenta Mark Galli[2], Fritz creía en cuatro rasgos positivos: a. La prioridad de la vida sobre la doctrina; b. La necesidad de un nacimiento espiritual; c. La íntima conexión entre fe salvífica y su consecuencia en la vida de fe y d. El énfasis en el venidero Reino de Dios.

Sobre su personalidad de Karl, David I. Mueller dice que "fue marcado por un intelecto inusual, una gran capacidad de trabajo, seriedad de propósito, espíritu democrático, un aprecio por las artes –especialmente la música– y finalmente, por gestos que suscitaban un sentido del humor".[3] Respecto a la música, su autor preferido era Mozart, en tal medida que dice en un libro consagrado a este músico: "Tal vez los ángeles, cuando desean entonar loores a Dios, ejecuten

---

2. Mark Galli, Karl Barth. *An Introductory Biography for Evangelicals*, Eerdmans, Grand Rapids, 2017, p. 14.
3. David I. Mueller, *Karl Barth, Makers of the Modern Theological Mind*, Hendrickson Publishers, Peabody, Masachussetts, 1972, p. 14.

la música de Bach, pero tengo mis dudas; de una cosa, sin embargo, tengo certeza: en sus momentos de esparcimiento, ciertamente tocan a Mozart, y entonces hasta el Señor se complace en oírlos".[4]

El ámbito en que se formó teológicamente fue el de la teología reformada o calvinista. Más allá de las críticas que a veces formula al reformador francés, admiraba a Juan Calvino al punto que en una ocasión tuvo que suspender su clase de teología por haberse quedado toda la noche leyendo a Calvino cuya teología, dice, es una catarata, algo chinesco, algo caído del Himalaya y del cual le era imposible sustraerse.[5]

Años de formación y estudios en Alemania

A los dieciséis años Karl Barth es confirmado dentro de la Iglesia Reformada, mostrándose como un gran conocedor de las confesiones de la Iglesia. Simultáneamente decide hacerse teólogo. "Durante su temprana educación, Barth estaba interesado en la historia y el drama, mientras las matemáticas y las ciencias le producían poca atracción."[6] En sus años de formación, Barth estudió algunos semestres en la Universidad de Berna y otro semestre en la Universidad de Berlín, que se había tornado en un bastión del liberalismo y el lugar donde enseñó nada más y nada menos que el

---

4. Karl Barth, *Wolfgang Amadeus Mozart*, 1956, pp. 14-15 cit. por Rosino Gibellini, *A teologia do sculo XX*, trad. João Paixão Netto, Loyola, San Pablo, 1998, p. 31.
5. Así lo expresa a su amigo Thurneysen en carta fechada el 6 de agosto de 1921. Véase Karl Barth, *The Theology of John Calvin*, trad. Geoffrey W. Bromiley, Eerdmans, Grand Rapids, 1995, nota 12, p. 160. Hans Scholl, en el prefacio de esta obra – una profunda exposición de la teología de Calvino– dice que el interés de Barth por el reformador francés comenzó muy tempranamente en 1904/5 cuando asistió a un curso que su padre dictó en Berna sobre la Reforma. Ibíd., p. xiii.
6. *Op. Cit.*, p. 15.

padre de la teología moderna: Friedrich Schleiermacher. En Berlín, Barth aprovechó las clases que impartía Adolf von Harnack sobre historia de la Iglesia. En forma gráfica, Galli sentencia: "Si Barth fue bautizado en la teología liberal en Berlín, fue confirmado en ella en Marburgo".[7] Ni Harnack ni Schlatter −erudito en Nuevo Testamento− le causaron el impacto que sí le produjo el profesor Wilhelm Hermann. Dice Mueller: "El deseo de Barth de estudiar con Hermann en Marburgo fue concretado en el otoño de 1908. Pasó tres semestres escuchando a Hermann, de quien después se refirió como 'el teólogo de mis años de estudiante'".[8] Los años 1909 a 1922 constituyen lo que Mueller denomina "La transición hacia la teología dialéctica". Habiendo culminado sus exámenes de ordenación, comenta Muller, Barth no se sentía todavía preparado para asumir el ministerio pastoral. Y agrega: "Esto, debido en parte, al repetido énfasis de Hermann de que toda verdadera predicación debe crecer desde la experiencia del predicador".[9]

De vuelta a Suiza: el comentario a Romanos

Los primeros años de su regreso a Suiza provocan su ruptura con la teología liberal. Se hace amigo de colegas como Eduard Thurnesysen y Johann Christoph Blumhardt, con quienes se involucra en las cuestiones sociales y políticas, concretamente en "un movimiento suizo religioso-socialista".[10]

Pero el gran cambio o "su conversión" al mensaje del Evangelio

---

7. *Op. Cit.*, p. 27.
8. *Op. Cit.*, p. 17. Cursivas originales.
9. *Ibíd.*, p. 17.
10. *Ibíd.*, p. 20.

se produce en su ensayo "The Strange New World Within the Bible" que data de 1916. Como ya hemos comentado en otra obra[11] Barth explora lo que hay dentro de la Biblia y entiende que "dentro de la Biblia hay un extraño, nuevo mundo, el mundo de Dios. Esta respuesta que tuvo el primer mártir Esteban, cuando dijo: Veo los cielos abiertos y al Hijo del hombre de pie a la diestra de Dios".[12] Ese descubrimiento le conduce casi inmediatamente a su comentario a la carta a los Romanos.

Como resultado de sus exposiciones sobre Romanos en la Iglesia, Barth fue elaborando su comentario, que finalizó en 1918. El problema fue, como señala Mueller,[13] que no encontraba editor alguno que quisiera publicar ese comentario. Finalmente dio con un editor en Berna en 1919 que se animó a publicar 1.000 copias del libro, el famoso Der Römerbrief. En otros textos nos hemos abocado a profundizar tanto en el contexto como en el mensaje de este comentario de Barth sobre Romanos. Aquí solo queremos puntualizar dos aspectos: el primero es el método que utiliza Barth para exponer la carta paulina y, en segundo lugar, la hermenéutica que privilegia. En cuanto a lo primero, como ya hemos expresado en otro trabajo:

> La exposición que Barth hace de la Carta a los Romanos implica un método que podemos denominar dialéctico-crítico-paradójico. Barth no pretende hacer el comentario definitivo a la obra sino que, como

---

11. Alberto F. Roldán, "El círculo hermenéutico en las teologías de Juan Calvino y Karl Barth", *Reino, política y misión*, Ediciones Puma, Lima, 2011, pp. 145-147.
12. Karl Barth, *The Word of God and the Word of Man*, Harper & Row, Nueva York 1957, p. 33.
13. *Op. Cit.*, p. 22.

bien señala en el prólogo a la primera edición, "su aportación no quiere ser más que un trabajo preliminar que pide a gritos la colaboración de otros".[14]

Y en cuanto a la hermenéutica que Barth privilegia es, deliberadamente una hermenéutica de texto, tan ponderada hoy por pensadores como Paul Ricoeur. No faltaron críticas al trabajo exegético de Barth por parte de teólogos que privilegiaban exclusivamente el método histórico-crítico. Barth no desconoce su importancia, pero les responde que su interés no es saber lo que Pablo quiso decir a la gente de su tiempo, sino descubrir el mensaje para el ser humano del siglo 20. Por eso les dice provocativamente:

> Los histórico-críticos deberían ser *más críticos* conmigo. Porque *comprender* "lo que hay *ahí*" no se logra mediante una *valoración* de las palabras y grupos de palabras del texto esparcidas al azar o determinada por un casual punto de vista del exegeta, sino solo se puede conseguir mediante un sumergirse obsequioso y receptivo en la tensión interna de los conceptos ofrecidos con mayor o menor claridad por el texto.[15]

En resumen: es una hermenéutica que, aunque toma como punto de partida el método histórico-crítico, no se queda allí, sino que ejercita una dialéctica entre la comprensión y la explicación y se constituye en una dialéctica circular en el *ser-ahí* (*Dasein*) de tan rico y profundo desarrollo en la filosofía de Heidegger. Para Barth, el texto es autónomo por sí mismo de las intenciones del propio autor:

---

14. Alberto F. Roldán, "El carácter dialéctico de la justicia y praxis sociopolítica en Karl Barth", Op. Cit., p. 107.
15. Karl Barth, *Carta a los Romanos*, trad. Abelardo Martínez de la Pera, Biblioteca de Autores Cristianos, Madrid, 1998, p. 52. Cursivas originales.

San Pablo. Por eso nos obliga a redescubrir su mensaje para el ser humano del siglo 20. Y no solo eso:

> Todavía más llamativo es el hecho de que Barth refleja una hermenéutica del texto, expuesta con mayor sistematicidad tanto por Gadamer como por Ricoeur. Y, en el plano estrictamente bíblico, utilizando las categorías de Croatto, se trata de una búsqueda del "delante" del texto, o sea, lo que él nos quiere comunicar más allá de las intenciones del autor, en ese caso San Pablo.[16]

La Dogmática de la Iglesia

En 1927 Barth publica su *Bosquejo de dogmática* y en 1931 su análisis del principio de San Anselmo: *Fides quarens intelllectum* (*La fe que busca comprensión = creo para comprender*) pero es en los años 1932 a 1968 que desarrolla su obra magna: *Die Kirchliche Dogmatik*. Gómez-Heras define adecuadamente el sentido del título de la obra: "Dogmática eclesial no es otra cosa que exposición de la palabra de Dios en función de la predicación de la Iglesia".[17] La obra solo está traducida al inglés y al francés, desde el original alemán, y consta de cinco volúmenes que a su vez se desglosan en varios tomos, a saber:

La doctrina de la Palabra de Dios (dos tomos)

La doctrina de Dios (dos tomos)

---

16. Alberto F. Roldán, "El comentario de Karl Barth a la Carta a los Romanos como un modelo preliminar de hermenéutica de texto" en *Hermenéutica y signos de los tiempos*, Teología y Cultura Ediciones, 2016, pp. 177-178

17. José María Gómez-Heras, *Teología protestante. Sistema e historia*, Biblioteca de Autores Cristianos, Madrid, 1972, p. 168

La doctrina de la creación (cuatro tomos)

La doctrina de la reconciliación (cuatro tomos)

Índice (con ayudas para el predicador)

Georges Casalis, en su hermosa biografía *Retrato de Karl Barth*, describe elocuentemente cómo ha de quedar quien se someta al esfuerzo de leer cuidadosamente esta obra majestuosa:

> Maravillado, deslumbrado, colmado, ya no puede abandonar estos gruesos volúmenes de arquitectura rigurosa bajo la abundancia de los detalles y de los paréntesis; se arraiga en este pensamiento y lo habita, suscitando por lo demás no una imitación servil, sino un eco rico en armónicos originales y en resaltos inesperados. Sin la menor duda, es una suma teológica, la suma del pensamiento evangélico en el mundo de hoy: los paralelos históricos son siempre peligrosos y nos faltaría la suficiente perspectiva, pero para quien ahora aborda la *Dogmática*, Barth ocupa un lugar en la raza de los más grandes doctores de la Iglesia: Agustín, Tomás de Aquino, Lutero, Calvino... [18]

Es una obra monumental no solo por su extensión sino también por los varios modos en que Barth aborda los temas teológicos. No se reduce a exponerlos sistemáticamente, como en toda obra de esa naturaleza, sino que incluye exégesis profunda de los textos bíblicos. José Míguez Bonino ha sugerido más de una vez que, cuando leemos la Dogmática de Barth, debemos tomar muy en serio "la letra chica",

---

18. Georges Casalis, *Retrato de Karl Barth*, trad. Franklin Albricias, Methopresss, Buenos Aires, 1966, p. 104. Cursivas originales.

es decir, los espacios de letras más pequeñas a la que se utiliza en el texto general de la obra, porque allí está la mayor riqueza de la obra.

¿Qué es la teología para Barth?

En el primer volumen y primer tomo *La doctrina de la palabra de Dios*, Barth se explaya sobre el tema al cual se consagró toda su vida: la teología. Allí define lo que es la teología, cómo se hace y cuál es su finalidad. La primera tesis —porque justamente su obra se articula a partir de una tesis o afirmación que luego desarrolla— dice: "Como disciplina teológica, la dogmática es la propia examinación científica de la Iglesia cristiana respecto al contenido de su distintivo hablar de Dios".[19] Lo primero es que la dogmática es una disciplina que está dentro del amplio campo de la teología, la cual, como sabemos, se puede desarrollar como teología bíblica, teología histórica, teología pastoral, entre otras modalidades. Esta disciplina que llamamos dogmática la realiza la Iglesia cristiana como propia examinación científica, analizando el contenido de su especial y distinguible modo en que habla de Dios. Más adelante, Barth se refiere a la teología como investigación y como un acto de fe. Al ser una ciencia, la teología es investigación y presupone la posibilidad de que el ser humano pueda conocer a Dios. Pero a su vez, la teología también está vinculada a la fe, es un acto de fe. "La dogmática es parte de la obra humana del conocimiento. Pero esta parte de la obra humana del conocimiento se mantiene bajo una decisiva condición."[20] Esa condición, para Barth, es la fe. Ya que "la dogmática es una función

---

19. Karl Barth, *Church Dogmatics I.I, The Doctrine of the Word of God*, G. W. Bromiley, T. &T. Clark, Edinburgo, 1975, p. 3. Negritas originales.
20. *Ibíd.*, p. 17.

de la Iglesia cristiana"[21] y para ser Iglesia hay que responder al llamado de Cristo, "Actuar en la Iglesia es actuar en obediencia a ese llamado. Esta obediencia al llamado de Cristo es fe".[22]

Por supuesto, el volumen citado no es el único en que Barth se refiere a la teología. Por eso, de esa primera aproximación al tema de la Dogmática, pasamos a su *Introducción a la teología evangélica*, el otro extremo cronológico, ya que reproduce las clases que el maestro expuso en Basilea en 1961 cuando ya estaba jubilado y le pidieron que enseñara un semestre más porque todavía no se había designado a su sucesor. En esta joya, que Barth denominaba "el canto del cisne", vuelve al tema de la teología, su carácter científico, su relación con la Palabra, la comunidad, el Espíritu y la existencia teológica como asombro, conmoción, compromiso y fe. En la aclaración inicial dice:

La teología es una de aquellas empresas humanas tradicionalmente

---

21. *Ibíd*.
22. *Ibíd*, El teólogo checo Milan Opočenský comenta este énfasis de Barth sobre las relaciones entre la fe, la razón y la proclamación en la elaboración teológica. "No debería removerse la distinción entre la Palabra de Dios y la proclamación de la iglesia. El trabajo teológico se hace en una escucha obediente y continua. El programa duradero para la teología aparece expresado en las palabras de Anselmo: *Credo ut intelligam*. La teología es una actividad de fe. Es un esfuerzo que no elimina la razón. Por el contrario, interroga a la razón y busca una expresión racional. La fe desea obtener un conocimiento racional." Milan Opočenský, "La belleza y el servicio de la teología", *Com-Union*, Revista de Información y Análisis Teológico, Órgano oficial de la Comunión Mexicana de Iglesias Reformadas y Presbiterianas (CMIRP), México, Año 1, Nro. 1, p. 3. La fuente bibliográfica fue proporcionada por Leopoldo Cervantes-Ortiz y reproduce la conferencia que Milan Opočenský presentó en la reunión de diálogo ortodoxo oriental y reformado, Kottayam, India, enero de 1997. Opočennsky, fallecido en 2007, fue discípulo de otro gran teólogo checo: Joseph Horomádka, que mantuvo un fértil diálogo epistolar con Karl Barth. Julio de Santa Ana da cuenta del aporte de Horomádka a las cuestiones sociales en su artículo. "Algunas referencias teológicas actuales al sentido de la acción social" en Rodolfo Obermüller, *et al*, *Responsabilidad social del cristiano*, ISAL, Montevideo, 1964, pp. 38-39. Cabe consignar que Julio de Santa Ana, teólogo metodista uruguayo, conoció personalmente a Barth y habría tomado algún curso con él en Suiza.

llamadas "ciencias" que buscan percibir un objeto o el ámbito de un objeto por el camino que éste señala como fenómeno, comprenderlo en su significado y enunciarlo en todo el alcance de su existencia. La palabra "teología" parece indicar que en ella, como en una ciencia especial (¡muy especial!), se trata de percibir a Dios, de comprenderlo y enunciarlo.[23]

Barth ubica a la teología dentro de esas "ciencias" humanas que definen un objeto de estudio a modo de recorte de la realidad para estudiarlo. Al escribir "ciencias" y "teología" entre comillas, está indicando un uso general y amplio del término, al punto de reconocer que en este caso se trata de una ciencia muy especial dado que intenta percibir a Dios, comprenderlo y enunciarlo, un Dios que nunca será objeto sino siempre un Sujeto supremo y soberano. Porque dado que hay muchos dioses, argumenta Barth, hay también muchas teologías en tanto son discursos sobre Dios. Para que no queden dudas, Barth denomina a su teología como "teología evangélica". Debemos tener mucho cuidado cuando leemos esa nomenclatura ya que muchas veces remite desde el inconsciente colectivo a pensar en teología "de los evangélicos". Barth dice sin ambages:

> No toda teología "protestante" es teología evangélica. Hay teología evangélica también en el ámbito romano, así como la hay en el ámbito ortodoxo-oriental y en los ámbitos de las variaciones mucho más recientes, como hay también deformaciones en el empeño renovador de la Reforma. Con la palabra "evangélica" queremos describir objetivamente la continuidad "católica", ecuménica (para no decir "conciliar") y la unidad de toda aquella teología que busca, en medio de la variedad de todas las

---
23. Karl Barth, *Introducción a la teología evangélica*, trad. Elizabeth Linderberg de Delmonte, La Aurora, Buenos Aires, 1986, p. 31.

demás teologías (sin querer hacer un juicio de valores) y en contraposición con todas ellas, percibir, entender y enunciar al Dios del Evangelio, es decir al Dios que se revela en el Evangelio, que les habla a los hombres y actúa sobre ellos, por el camino que él mismo señala. Allí donde él llega a ser el contenido de la ciencia humana, siendo al mismo tiempo su origen y su norma, allí hay teología evangélica. [24]

Nadie puede adueñarse del evangelio como si fuera su propiedad privada. El Evangelio es de Dios y hay teología evangélica solo allí donde se revela el Dios del Evangelio, que es origen y norma de esta teología que, insiste Barth, sigue siendo siempre una ciencia humana. Más adelante va a aclarar con gran precisión que esta teología evangélica trabaja con tres suposiciones que están subordinadas, a saber: primero, el hecho de la existencia humana en la dialéctica entre ella y el Dios del evangelio; segundo, con la fe de las personas que están dispuestas a reconocer esa revelación de Dios; y tercero, con la razón, "es decir, con la capacidad de percibir, discernir y expresarse de todos, o sea, también de los que creen, que es la que técnicamente permite que ellos participen activamente en el esfuerzo teológico de conocer al Dios que se revela en el Evangelio".[25]

En otro texto Barth pondera a la teología como una de las ciencias más hermosas, pero a la vez, advierte sobre sus peligros. Dice:

> Entre todas las ciencias, la teología es la más hermosa, la que toca más profundamente a la inteligencia y al corazón, la que se aproxima más a la realidad humana y ofrece las visiones más claras de la verdad que

---
24. *Ibíd.*, p. 34.
25. *Ibíd.*, pp. 35-36.

persigue toda ciencia, más cerca también de todo lo que quiere significar en el cuadro de la vida universitaria [...] ¡Pobres teólogos y pobres épocas en la teología los que no se han dado cuenta de toda esta belleza! Pero entre todas las ciencias, la teología es también la más difícil y la más peligrosa; la que conduce rápidamente a la desesperación, cuando uno se inicia en ella o, lo que es casi peor, al orgullo; la que perdiéndose en acrobacias aéreas o calcinándose en abstracciones, puede transformarse en la cosa más horrible que exista: su propia caricatura.[26]

La teología es hermosa por tocar tanto la inteligencia como la emoción y por su capacidad para aproximarse a la realidad humana, pero el peligro radica en que puede conducir a la desesperación o al orgullo y transformarse así en una mera caricatura de su original. Se percibe también la nota de humor de Barth en la descripción de una teología que se pierde en "acrobacias aéreas" como si fuera un trapecista que solo se dedica a entretener a la gente.

En un reciente artículo, el teólogo checo Milan Opočenský, luego de citar ese párrafo donde Barth pondera a la teología por su belleza y su carácter científico, dice:

> La teología dialéctica (de Barth y otros) trató de puntualizar que la teología tiene su justificación entre las ciencias solo si comienza con la revelación y con la realidad histórica de la iglesia, la cual es la reacción a la revelación. De otra manera, cualquier ciencia asumiría la responsa-

---

26. Karl Barth, *Revelación, Iglesia, Teología*, pp. 40-41, cit. por Georges Casalis, Op. Cit., p. 105. También en una de clases recogidas en *Introducción a la teología evangélica*, Barth vuelve a destacar la belleza de la teología cuando dice: "Particularmente en su aspecto dogmático, la teología es una ciencia fascinante, porque exige una arquitectura de las ideas que reclama irresistiblemente una cierta belleza. *Op. Cit.*, p. 190.

bilidad de la reflexión teológica. Si hablamos acerca del carácter eclesial de la teología esto no significa que se quiera crear un espacio protegido en donde no tomaría lugar la confrontación con los resultados de otras ciencias. La teología no tiene como su tarea llevar a cabo la actividad proclamadora de la iglesia. [27]

Finalmente, para Barth la teología no es un fin en sí mismo; es más bien un servicio que presta a la Iglesia. Por eso Barth destaca el papel de la comunidad cristiana como el espacio donde se hace teología. Dice: "El lugar de la teología frente a la palabra de Dios y sus testigos no está situado en alguna parte del espacio vacío, sino muy concretamente en la comunidad".[28] Esta es definida por Barth como *communio sanctorum y congregatio fidelium*, es decir: comunión de los santos y congregación de los fieles. Su papel en el mundo es decisivo ya que:

> Ella no habla solamente con palabras. Habla por el mero hecho de existir en el mundo, también su actitud específica hacia los problemas del mundo, y especialmente en su servicio mudo para con todos los postergados, débiles y necesitados. Finalmente habla al orar por el mundo.[29]

La teología entonces es una sierva de la Palabra de Dios. Sirve a la Iglesia sirviendo a la predicación de la Palabra. Apelando a la división de oficios que había introducido Calvino y donde el diácono ocupaba el cuarto y último lugar, después de los presbíteros gobernantes y los presbíteros maestros o pastores, Barth dice que con tal división

---

27. Milan Opočenský, "La belleza y el servicio de la teología", *Com-Union, Revista de información y análisis teológico*, p. 2.
28. Karl Barth, *Introducción a la teología evangélica*, p. 60.
29. *Ibíd*., p. 61.

Calvino no tenía la intención de hacer una rígida división de tareas, y agrega: "No obstante, habría que aconsejarle al *doctor ecclesiae*, al teólogo, a convertirse –como lo indica el Evangelio– rápidamente del primero en el último, un siervo de todos los demás, en su servidor y diácono".[30] Y todo ello, porque ser teólogo o teóloga no es para Barth algo que ocurre naturalmente, que surge de la nada, por pura inspiración o decisión, sino que, como dice de modo rotundo:

> Ser o llegar a ser teólogo, en el sentido más estricto o más amplio de la palabra, es algo que "no ocurre" (no se da) sino precisamente a la luz del asombro radical y fundamental que es lo único que lo puede provocar. Es una manifestación concretísima de la gracia. [31]

Por último, reflexionemos sobre las nomenclaturas que ha recibido la teología de Barth y juzguemos cuál de ellas es la más representativa.

¿Cómo se denomina a la teología de Barth?

Hugh R. Mackintosh[32] denomina su teología como teología de la crisis, teología dialéctica y teología de la palabra. Seguiremos esa orientación ampliando lo que cada una de ellas quiere expresar y enriqueciendo el planteo con otros textos.

a. Teología de la crisis

---

30. *Ibíd.*, p. 189.
31. *Ibíd.*, p. 90.
32. Hugh Ross Mackintosh, *Corrientes teológicas contemporáneas. De Schleiermacher a Barth*, trad. Justo L. González, Methopress, Buenos Aires, 1964, pp. 240-246.

El término "crisis" hay que entenderlo en dos sentidos: como el punto culminante de una enfermedad y como cambio de dirección en el pensamiento, una especie de "giro". Pero como bien dice Mackintosh, hay un tercer sentido mucho más profundo: "crisis" en tanto juicio de Dios.

> Según esta teología, tanto el hombre como el mundo, la religión y la Iglesia están bajo el juicio y la exigencia de la Palabra de Dios, de la que el Nuevo Testamento afirma que es "penetrante hasta separar el alma del espíritu," y también que "escudriña hasta los pensamientos del corazón". Para comprender la Revelación, el hombre debe escucharla, sabedor de hallarse ante el juicio de Dios.[33]

No debemos olvidar el contexto histórico en que surge la teología de Barth: se comienza a gestar dentro del liberalismo europeo cuyo talante era el optimismo, pero luego se convierte en juicio con la tragedia de la Primera Guerra Mundial. Por otra parte, la religión y la Iglesia caen bajo el juicio de Dios. En su texto "La revelación como abolición de la religión" Barth reflexiona sobre el lugar desde el cual puede venir una crítica de la religión. Dice:

> Solo puede haber una crítica decisiva de la Religión si se hace desde fuera del círculo mágico de la Religión. El punto de partida debe estar esencialmente fuera, esto es, debe estar fuera del hombre mismo, de las realidades y posibilidades del hombre. El juicio sobre la Religión solamente se puede hacer desde un lugar "completamente otro". No

---

33. *Ibíd.*, p. 240. El profesor Rubén Rosario Rodríguez sostiene que la crítica de Kierkegaard a Kant, Hegel y Schleiermacher iluminó el pensamiento de la neo-ortodoxia en la posguerra y esa teología "de la crisis" fue una respuesta a las fallas del protestantismo liberal. Rubén Rosario Rodríguez, *Dogmatics after Babel. Beyond the Theologies of Word and Culture*, John Knox Press, Louisville, 2018, p. 14.

desde la Religión y las posibilidades humanas. ¡Este juicio solo se puede hacer a partir de la fe!³⁴

Dios enjuicia a la religión por su incredulidad, idolatría y autojustificación. Dentro de ese juicio cae también el cristianismo y la Iglesia, ya que fácilmente pueden tornarse en espacios de idolatría.³⁵

b. Teología dialéctica

Como bien observa Gómez-Heras,³⁶ bajo la nomenclatura de "teología dialéctica" se distinguen dos escuelas: la de Barth y sus discípulos; y la seguida por Gogarten, Bultmann y Tillich, entre otros. Mientras Barth propone una "dialéctica de la revelación", la otra escuela intenta una "dialéctica de la existencia" inspirada en la filosofía de Heidegger. Ambas escuelas coinciden en su repulsa al liberalismo teológico y ensayan un retorno a la Reforma protestante, especialmente a Lutero y Calvino. Dicho esto, centremos nuestro análisis en Karl Barth. En su profundo análisis de su teología y, sobre todo, su método, dice Jacob Taubes: "Su trabajo agrega un nuevo capítulo a la historia del método dialéctico. El método y el programa de

---
34. Karl Barth, *La revelación como abolición de la religión*, trad. Carlos Castro, Marova-Fontanella, Madrid-Barcelona, 1973, p.120. Este texto es la traducción del párrafo 17 de la sección tercera del capítulo 2 de la *Die Kirchliche Dogmatik*, volumen I/II.
35. Ampliamos esta temática en el capítulo 3 de esta obra
36. *Op. Cit.* p. 164. Por su parte Manuel Gutiérrez-Marín, dice que se considera a Barth como padre de la teología dialéctica, lo cual "le lleva a ocuparse hoy largamente de Schleiermacher o Descartes, por ejemplo, intentando descubrir lo que en ellos hay de positivo y valioso –dialécticamente considerado." Manuel Gutiérrez-Marín, *Dios ha hablado. El pensamiento dialéctico de Kierkegaard, Brunner y Barth*, La Aurora, Buenos Aires, 1950, pp. 98-99. Para José Míguez Bonino, "dialéctica", aplicada a la teología de Barth significa que la palabra de Dios "no se la puede apresar en nuestras formulaciones, porque éstas no hacen sino señalar –con la mayor claridad que podamos– a esa Palabra que será siempre mayor, que juzgará nuestras mejores formulaciones y nos invitará a seguir 'escuchando'." José Míguez Bonino, Introducción a Karl Barth, *Introducción a la teología evangélica*, p. 15. Cursivas originales.

Barth son quizás el aporte más significativo a la conciencia general de nuestro tiempo; resulta necesario, por lo tanto, analizar su obra desde la filosofía".[37] En ese análisis Taubes descubre que, para Barth, solo es posible la teología como diálogo, como discurso humano de pregunta y respuesta sobre Dios.

> Solo en este encuentro entre pregunta y respuesta se realiza el carácter tético-antitético de la teología. La teología es "pensamiento dialéctico". Si se considera seriamente el carácter dialéctico de la teología, ella debe entonces seguir siendo discurso abierto y no debe cerrarse en un sistema autorreferencial. La propia "palabra propia de Dios", su "teología", sería entonces, como Karl Barth observó una vez, "teología no dialéctica". Pero el hombre es mortal y no puede reclamar para sí la "última palabra".[38]

Hay dos filósofos que influyen decididamente en la forma en que Barth desarrolla su teología: Kierkegaard y Hegel. Del primero, dice Taubes: "El hecho de que Barth destaque tanto el hiato entre Dios y el hombre, la diferencia entre creador y creación, es resultado de la influencia de la 'dialéctica negativa' de Kierkegaard".[39] En cuanto a Hegel, Taubes destaca el hecho de que su filosofía se desarrolla a partir de la idea del *Logos* del capítulo 1 de Juan, que era en el principio, que estaba con Dios y que era Dios. De ese modo, el *Logos* es la lógica, la lógica es la verdad y la verdad es el espíritu de vida. De ese modo, "Hegel desarrolla un esquema de tesis, antítesis y síntesis so-

---

37. Jacob Taubes, "Teodicea y teología: un análisis filosófico de la teología dialéctica de Karl Barth" en *Del culto a la cultura. Elementos para una crítica de la razón histórica*, trad. Silvia Villegas, Katz editores, Buenos Aires, 2007, p. 223.

38. *Ibid.*, p. 225.

39. *Ibíd.*, p. 226. Para percibir más profundamente la influencia de Kierkegaard en Karl Barth véase: Alberto F. Roldán, "La influencia de Sören Kierkegaard en la teología de Karl Barth" en *Atenas y Jerusalén en diálogo*, Ediciones Puma, Lima, 2015, pp, 51-74.

bre la base de las ecuaciones de Juan".⁴⁰ La conclusión a la que arriba Taubes es la siguiente:

> Hay, por lo tanto, otro tema fundamental en la dialéctica teológica de Karl Barth: debe describir la reconciliación entre Dios y el hombre de manera tal que supera la dialéctica hegeliana de la reconciliación. El fantasma de Hegel deambula del principio al fin durante el desarrollo de la teología de Karl Barth. ⁴¹

Todas estas observaciones de Taubes no son producto de la mentalidad afiebrada de un filósofo, sino que están plenamente respaldadas en la obra de Karl Barth y su énfasis en dobles opuestos de sí vs. no, creador vs. criatura, justicia de Dios vs. justicia humana, presente vs. futuro, tiempo vs. eternidad. Solo en Jesucristo, para Barth, esos opuestos pueden ser superados. Dice en un tramo de su exposición a Romanos:

> Al separarse nítidamente en Jesús tiempo y eternidad, justicia humana y justicia divina, el más acá y el más allá están unidas con nitidez. [...] todo ser-ahí y ser-así del mundo y, en cuanto tal, es también carencia, insuficiencia, cavidad y nostalgia. Pero, al reconocer esto como tal, resplandece sobre ello la fidelidad de Dios que absuelve condenando, da vida matando y dice Sí donde tan solo es audible su No. En Jesús se *conoce* a Dios como Dios *desconocido*. ⁴²

---
40. *Taubes, Op. Cit.*, p. 226. Para un análisis de la dialéctica hegeliana en perspectiva hermenéutica, véase Hans-Georg Gadamer, *La dialéctica de Hegel*, trad. Manuel Garrido, Editora Nacional, Madrid, 2002.
41. *Taubes, Op. Cit.*, p. 226.
42. Karl Barth, *Carta a los Romanos*, trad. Abelardo Martínez de la Primera Biblioteca de Autores Cristianos, Madrid, 1998, p. 163. Cursivas originales. Para una profundización del carácter dialéctico de la teología de Barth con referencia al tema de la justicia de Dios, véase Alberto F. Roldán, "El carácter dialéctico de la justicia y

c. Teología de la Palabra

La tercera nomenclatura que recibe la teología de Karl Barth es "teología de la palabra". Esta designación sea acaso la más importante y la que está mejor expuesta por el propio Barth en su Dogmática. Precisamente, en el volumen I, tomo I de su Dogmática, el tema que recibe el tratamiento más profundo por parte de Barth es la Palabra de Dios. Mackintosh reconoce que esta designación es la más adecuada y explica:

> El contenido de los prolegómenos a la teología, y de hecho el contenido de la teología misma, es esa Palabra. La teología surge de la predicación y sirve de medida para la predicación; pero, como él mismo afirma, "el supuesto que hace que la proclamación sea proclamación, y que por ello la Iglesia sea Iglesia, es la Palabra de Dios". [43]

Y tan apegado quiere estar Barth a la palabra de Dios que él mismo dice en palabras recogidas por Mackintosh: "No buscamos a Dios en otro sitio que en su Palabra, no pensamos de Él sino con su Palabra, no hablamos de Él sino mediante su Palabra".[44]

Ahora bien, ¿qué entiende Barth por "palabra de Dios"? No se trata de la mera identificación con la Biblia, independientemente de Cristo y del Espíritu Santo. Básicamente, la expresión "palabra de Dios" adquiere en Barth una triple designación: Jesucristo, palabra de Dios encarnada, la Biblia como palabra de Dios que da testimo-

---

praxis sociopolítica en Karl Barth" en *Reino, política y misión*, Ediciones Puma, Lima, 2011, pp. 103-123.
43. Mackintosh, *Op. Cit.*, p. 243.
44. Cit. en *ibíd*.

nio de Jesucristo y, finalmente, la predicación de esa palabra de Dios por parte de la Iglesia. Refiriéndose a la triple forma de la Palabra de Dios, en la Dogmática Barth distingue entre la palabra de Dios predicada, la palabra de Dios escrita y la palabra de Dios revelada. Dice: La verdadera proclamación significa palabra de Dios. Comparándola con Cristo es similar, ya que "Como Cristo llegó a ser hombre y permanece verdadero hombre por toda la eternidad, la verdadera proclamación llega a ser un evento en el nivel de los otros eventos humanos".[45] Ya que la Biblia registra la acción de Dios en la historia y esa acción es un evento:

> La Biblia, entonces, llega a ser palabra de Dios en este evento, y en la declaración de que la Biblia es palabra de Dios, la pequeña palabra "es" se refiere a este ser en tanto llegar a ser. No llega a ser palabra de Dios por causa de nuestra fe sino en el hecho de que llega a ser revelación para nosotros.[46]

La revelación, para Barth, no difiere de la persona de Cristo, sino que "decir revelación es decir: 'la Palabra fue hecha carne'".[47] La triple forma de la palabra de Dios tiene en Barth una analogía con la Trinidad. Barth dice que cuando afirmamos que la palabra de Dios fue hecha carne y habitó entre nosotros estamos diciendo algo que tiene que ver con las relaciones intratrinitarias sobre la base de que el Padre envía al Hijo y al Espíritu Santo. Barth encuentra una analogía para la palabra de Dios en la trinidad y se anima a afirmar: "Esta es la doctrina de la trinidad de Dios. En el hecho de que nosotros

---

45. Karl Barth, *Church Dogmatics*, I.i, *The Doctrine of the Word of God*, trad. G. W, Bromiley, T & T Clark, Edimburgo, 1975, p. 94.
46. *Ibíd.*, p. 110.
47. *Ibíd.*, p. 119.

podemos sustituirla por los nombres de revelación, Escritura y proclamación, por los nombres de las personas divinas del Padre, Hijo y Espíritu Santo y viceversa [...]" [48]

Conclusión

Al comienzo de este capítulo nos preguntamos por qué es importante estudiar a Barth y qué aportes ha hecho a la teología del siglo 20. A la luz de lo expuesto, creemos que definitivamente Karl Barth es un teólogo ineludible para quienes se interesan por saber lo que es la teología para el siglo 20 y el presente. Barth es un punto de inflexión entre una teología moderna o liberal que reflejaba un mundo en pleno desarrollo y hacia la "perfección" pero que se derrumba a partir de la Primera Guerra Mundial. Es en ese punto neurálgico de la historia donde se sitúa Karl Barth, en la crisis de la modernidad y la crisis de una teología antropocéntrica que ya no tiene un mensaje claro para el ser humano en su desesperación. Formado dentro de la teología liberal en Alemania, en su vuelta a Suiza se produce un giro copernicano en su modo de leer la Biblia. Encuentra allí, en ese "extraño nuevo mundo" de la Biblia, la voz del Evangelio, el cual proclama la justicia de Dios por la fe y la superación de las contradicciones. En cuanto a la contribución que Barth hace a la teología cristiana, habría que escribir varios tomos para intentar reflejarla, dada la magnitud de su obra. Nada mejor entonces que citar a Muller cuando dice:

> En un sentido, Barth simplemente ha tomado en serio la revelación de Dios en Jesucristo, la cual la Iglesia en todos los lugares y tiempos ha reconocido

---

48. *Ibíd.*, p. 121. Cursivas originales.

ser el centro de nuestra vida y nuestra fe. Nos ha motivado a oír de nuevo a Aquel que es "el mismo ayer, hoy y para siempre." En ello, Barth puede haber hecho su más perdurable contribución.[49]

Barth nos conduce de la teología de la crisis a una teología de la Palabra de Dios en un camino nada fácil y tomando sus riesgos. Ya que, en algún sentido, Barth es un signo de contradicción:[50] para los liberales, alguien que no entendió la teología que le enseñaron en Alemania y produce un lamentable retroceso; para los fundamentalistas –en una mixtura entre ignorancia y superficialidad– alguien que "no creía en la Biblia" y se disfraza dentro de un ropaje aparentemente evangélico. Lo real es que Barth inaugura un nuevo camino: mediante un paciente trabajo de exégesis bíblica y rastreo de fuentes patrísticas y de la tradición protestante, libera a la teología del lecho de Procusto en el que había sido confinada.[51] Y, más allá del uso de recursos filosóficos – Kiekegaard, Hegel y Nietzsche, entre otros– nunca pierde de vista el foco central de su empresa: articular una teología de la palabra de Dios para que en ella se pueda oír de nuevo la viva voz del Evangelio. En eso radica su grandeza y su contribución.

---

49. *Op. Cit.*, p. 155.
50. Stephen Neill dice al respecto que Barth "ha sido una piedra de toque, un signo, con frecuencia un signo de contradicción" (*La interpretación del Nuevo Testamento*, trad. José Luis Lana, Ediciones Península, Barcelona, 1967, p. 249). Y comenta el caso del canónigo Charles Raven que protestaba por el daño que Barth y los barthianos, según su opinión, había producido a la teología científica. *Ibíd.*
51. Para Rubén Rosario Rodríguez, Barth entiende que la teología propuesta por Schleiermacher sobre la fe cristiana fue subsumida por la cultura que había entrado en crisis. Op. Cit., p. 14. Por su parte Manuel Gutiérrez-Marín entiende que "Barth pretende dejar atrás toda la teología idealista triunfante desde Kant, Schleiermacher y Hegel, desterrar toda apoteosis del subjetivismo y del pietismo para alcanzar el objetivismo de la Biblia y de los Reformadores." Manuel Gutiérrez-Marín, *Dios ha hablado. El pensamiento dialéctico de Kierkegaard, Brunner y Barth*, La Aurora, Buenos Aires, 1950, p. 117.

Capítulo 2

Barth: ¿teólogo existencialista?

> "Ni la idea de Dios ni la idea del hombre pueden constituir el punto de partida. La existencia de Dios y la existencia del hombre; ése es, para Barth —el teólogo que solo se propone "conversar con otros teólogos"— el punto de partida. Más precisamente, "el punto de partida es Jesucristo", porque en él Dios y el hombre coexisten."
>
> Vicente Fatone[1]

La influencia de Karl Barth es indiscutida en el campo de la teología cristiana, tanto en la vertiente protestante como en la católica. Pero pocas veces pensamos en que esa influencia pueda extenderse a otros ámbitos como el de la filosofía. Sin embargo, y más allá del esfuerzo del teólogo suizo de evitar que la teología sea apresada en el lecho de Procusto, su pensamiento ha sido analizado por

---

1. Vicente Fatone, *La existencia humana y sus filósofos*, Editorial Raigal, Buenos Aires, 1953, p. 61.

filósofos. En este caso, nos referimos específicamente al argentino Vicente Fatone. Ya en el capítulo 1 de esta obra mencionamos que entre Karl Barth y su estudiante uruguayo Emilio Castro se suscitó un diálogo a propósito de un libro aparecido en 1953 en Buenos Aires con el título: *La existencia humana y sus filósofos*.[2] Ahora, ensayamos una interpretación del enjundioso capítulo que Fatone consagra al pensamiento de Karl Barth.

1. Breve semblanza de Vicente Fatone

Vicente Fatone nació en Buenos Aires en 1903 y falleció en 1963. Se dedicó al estudio de la filosofía. Desde el año 1929 hasta el 1939 fue profesor de metafísica y lógica en la Universidad del Litoral y desde el 1946 hasta el 1949 fue profesor de Historia de las religiones en la Universidad Nacional de la Plata. Fue profesor de filosofía en el Colegio Nacional de Buenos Aires entre los años 1945 y 1952. También fue docente de la Universidad de Buenos Aires y rector-interventor de la Universidad Nacional del Sur (Bahía Blanca), cuyo colegio nacional lleva su nombre. Para Oscar del Barco, Fatone fue "*un pensador* que se dedicó al estudio de la filosofía contemporánea y de la filosofía de las religiones orientales".[3] Según consigna del Barco, Fatone fue un ignorado y un "borrado" de la Universidad. Y eso se debió, argumenta, a dos motivos:

> [...] la creciente cientifización de la filosofía, es decir el desplazamiento masivo del pensar filosófico hacia la matemática, hacia la ciencia de la "mente", hacia el ambiguo positivismo y, por qué no decirlo, hacia un

---

2. Ibíd.
3. Oscar del Barco, Prólogo a Vicente Fatone, *Mística y religión*, Universidad Nacional de Córdoba y Las cuarenta, Buenos Aires, 2009, p. 11. Cursivas originales.

"populismo" más o menos generalizado; la segunda causa se vincula con lo que podríamos llamar el olvido del olvido del ser [sic]; cuya consecuencia es una sociedad cada día más profundamente alienada por los "medios", por la velocidad, por la homologización y la globalización, por la técnica o, para ser estrictos, por el olvido de la esencia de la técnica.[4]

Fatone publicó varios libros en el campo de la filosofía y la historia de las religiones. Entre otros: *Sacrificio o gracia* (Biblioteca del Colegio de Graduados de la Facultad de Filosofía y Letras, Buenos Aires, 1931); *El budismo "nihilista"* (Facultad de Humanidades y Ciencias de la Religión, La Plata, 1941); *Introducción al conocimiento de la filosofía de la India* (Viau, Buenos Aires, 1942); *Introducción al existencialismo* (Columba, Buenos Aires, 1953); *El hombre y Dios* (Columba, Buenos Aires, 1955, reeditado en *Mística y religión*, Universidad Nacional de Córdoba y Las cuarenta, Buenos Aires, 2009); *Temas de mística y religión* (Universidad Nacional del Sur, Bahía Blanca, 1963); *Obras completas I: Ensayos sobre budismo e hinduismo* (Sudamericana, Buenos Aires, 1972) y *Obras completas II. El budismo "nihilista" y otros ensayos* (Sudamericana, Buenos Aires, 1972).

A continuación analizamos el texto de Fatone sobre Barth refiriéndonos a tres temas: Dios, la revelación y la fe, preguntándonos al final si la teología de Barth puede ser considerada también como una filosofía existencialista.

---

4. *Ibíd.*, p. 10.

2. Barth y su idea de Dios

Fatone comienza declarando: "Ni la idea de Dios ni la idea del hombre pueden constituir el punto de partida".[5] Pues precisamente ese es para Barth el punto de partida de su reflexión: la existencia de Dios y la del hombre. Pero, ¿quién es Dios? Fatone interpreta:

> El Dios de Barth no es el dios inmutable de los filósofos. Barth sabe que del Dios inmutable puede haber, sí, una doctrina general; pero sabe, también, que esa doctrina, por ser general, no será doctrina de Dios. La naturaleza del Dios inmutable que "es lo que es" no es la naturaleza de Dios, pues Dios no puede ser derivado de ninguna naturaleza.[6]

Barth se sitúa en un plano distinto de la filosofía en cuanto a Dios. No es el dios inmutable, ni tampoco, por implicación, es el "motor inmóvil" concebido por Aristóteles. Dios no puede ser derivado de ninguna naturaleza. Está aquí tenuemente la idea del Totalmente Otro de Kierkegaard. Fatone interpreta que esa perspectiva barthiana sobre Dios lo ubica dentro de otros existencialistas de ayer y de hoy que entienden que no hay una naturaleza a la cual se agregan luego predicados como omnipotencia, bondad, majestad, porque "Ni en lo divino ni en lo humano hay órdenes ideales previos a la realidad de la existencia".[7]

Para Barth, según la interpretación de Fatone, Dios es sobre todas las cosas el Emanuel, es decir, el Dios con nosotros. "La existencia

---

5. Vicente Fatone, *La existencia humana y sus filósofos*, p. 61.
6. Ibíd.
7. Ibíd., p. 62.

Barth: ¿teólogo existencialista?

de Dios es coexistencia; ese *con* está dado en el nombre mismo de Dios: Emmanuel, Dios con nosotros".[8] La revelación precisamente es posible porque Dios se ha encarnado en Jesucristo y esa revelación presupone tanto la existencia de Dios como la existencia del ser humano creado a su imagen. Por eso, ambos coexisten en lugar de existir aisladamente como entidades. Tanto Dios y seres humanos están recíprocamente comprometidos. Fatone subraya el hecho de que es fácil para el ser humano convertir a Dios en ídolo. Concretamente, para el teólogo reformado, tanto la especulación como lo absoluto y la infinitud, eternidad y omnipotencia de Dios pueden derivar en formas de idolatría. Dice Fatone:

> En la experiencia de la revelación, Barth descubre simplemente esto: "Dios es un yo que me dice 'tú' y a quien yo a mi vez debo llamar 'tú'". Barth, el protestante, viene así a coincidir con Buber, el judío; y con ellos coincidirá Marcel, el católico. La situación de la que el hombre no puede evadirse es el diálogo. El diálogo, y no aquel pobre dialecto de Heidegger, que creyó que la palabra escondida solo se conservaba en la lengua de un determinado pueblo [...] Para Barth –como para Buber y para Marcel–, el hombre es diálogo, coexistencia y, por ello, compromiso; y, en esa coexistencia y ese compromiso el "Él" –aquella tercera persona de la teología natural– se revela como "tú". [9]

La referencia a la teología natural (que Barth rechazaba enérgicamente) conduce a Fatone a explayarse sobre ella para decir que esa teología es ingenua y optimista; una teología que pretende partir del espectáculo del mundo y del corazón humano en la historia

---

8. *Ibíd.*, p. 63. Cursivas originales.
9. *Ibíd.*, pp. 63, 64. Cursivas originales.

para, a partir de esas realidades, ascender a la contemplación de Dios. Y concluye:

> Pero en esta teología a Dios no se lo descubre recurriendo ni a las clásicas vías ni a la luz interior: a Dios se lo contempla; con Dios se coexiste; y es en esa coexistencia donde el hombre descubre su Dios y, por lo mismo, su propio ser. Solo en esa coexistencia, en ese compromiso, en esa relación se revela Dios. Y esa revelación es gracia, porque gracia es la coexistencia. El Espíritu Santo, dice por ello Barth, no es sino "la relación entre Dios y su creación"; solo en esa relación, por la gracia de ese espíritu, se revela Dios y se revela la existencia del hombre.[10]

3. Lo decisivo de la fe

El tema de la fe ocupa un lugar preponderante en la exposición de Fatone. Ya en los primeros tramos de su trabajo, Fatone entiende que la fe es el presupuesto de toda teología. Dice: "Este es el punto de partida de toda teología: el conocimiento que procede de la fe, y no la especulación teórica acerca de lo divino o de su esencia".[11] Esta afirmación de que la fe es el presupuesto para la teología se encuentra expuesta amplia y profundamente por el propio Barth en su libro sobre el principio o axioma de San Anselmo: *Fides Quarens Intellectum*. Justamente en la sección referida a la posibilidad de la teología Barth dice:

> En vista de que la fe es fe en Dios y, por lo tanto, realmente fe en lo que es cierto, ella es acción propia de la voluntad debida a Dios, ordenada por

---
10. *Ibíd.*, pp. 64-65.
11. *Ibíd.*, p. 63.

Barth: ¿teólogo existencialista?

Dios y conectada a la "experiencia" de salvación. La fe viene por el oír y el oír de la predicación. La fe está relacionada con la "Palabra de Cristo" y no es fe si no es concebida, o sea, reconocida y afirmada por la Palabra de Cristo. Y la Palabra de Cristo es idéntica a la "Palabra de aquellos que predican a Cristo"; eso significa que es legítimamente representada por palabras humanas.[12]

Más adelante relaciona la fe con el existir para el mañana. Explica Fatone: "Un mañana sin fe, dice Barth, no es mañana sino reincidencia en ese ayer en que fuimos pecadores; y tampoco el hoy es posible sin la fe: un hoy sin fe sería 'el problemático goce de lo que ayer hemos deseado'".[13] En breve: ni el presente ni el futuro son posibles sin la fe. Y ante las preguntas acuciantes: "*¿Puede alguien creer? ¿Tiene alguien la potencia (no la posibilidad lógica) necesaria para creer?*"[14] Barth responde, según interpreta Fatone:

"Quien realmente cree sabe que no le es posible creer por sí mismo; únicamente quienes no creen suponen que la fe es una "posibilidad humana"; nadie que crea supone eso. La imposibilidad humana para la fe es absoluta, sin restricciones; el hombre es infidelidad, la infidelidad misma. Nadie puede creer, y por ello nadie puede salvarse ni contribuir a su salvación. (La respuesta de quien cree no podría ser, pues, en una teología como la de Barth, sino la evangélica: "Creo, Señor; ayuda mi incredulidad")."[15]

---

12. Karl Barth, *Fé em busca de compreensão. Fides Quarens Intellectum*, trad. s/datos, Novo Século, San Pablo, 2000, p. 34.
13. Fatone, *La existencia humana y sus filósofos*, p. 65.
14. *Ibíd.*, p. 67. Cursivas originales.
15. *Ibíd.* Cursivas originales.

Para Barth tampoco hay en la fe un ejercicio de la libertad, algo que podría aceptarse o rechazarse, porque el acto mismo de la fe es algo dado al ser humano, no es ni un mero incentivo para que el humano crea, porque la fe misma es un don de Dios. La fe consiste en la obediencia a Dios. En un lenguaje con reminiscencias kierkegaardianas, explica Fatone: "La fe es espanto mortal ante el Dios misterioso, y no optimismo fácil ante las maravillas de la naturaleza. No hay hombre que merezca esa fe, porque solo Dios merece conocer a Dios".[16] El propio Fatone detecta esos rasgos kierkegaardianos en Barth cuando dice:

> Me ha visitado el Espíritu, puedo exclamar, con San Pablo: "Siento que yo también tengo espíritu de Dios"; pero, más altas que mis palabras, oigo resonar estas otras: "¡Acuérdate de que Dios está en el cielo, y tú en la tierra!" Existo porque Dios existe; es Dios quien me existe al asistirme. Coexisto con Él, pero me es imposible contemplarme a mí mismo. Todo es posible para Dios.[17]

4. ¿Una teología existencialista?

Esta es la pregunta final a la que conduce la interpretación que Fatone hace de la teología de Barth. Hablar de "existencialismo" es mencionar la corriente filosófica más decisiva en el siglo XX, iniciada por Sören Kierkegaard con notable influencia también en la teología, incluyendo a Barth, como hemos demostrado en otro capítulo de este libro. Por eso, la pregunta es válida e importante. Antes de encararla,

---
16. *Ibíd.*, p. 68.
17. *Ibíd.*, pp. 69-70.

es bueno que mencionemos los vínculos que, según Fatone, mantuvo Barth con la filosofía. Al respecto, señala Fatone:

> [...] Barth ha dicho alguna vez que, como teólogo, puede permitirse ser "un poco filósofo". Era la réplica a los filósofos que siempre se han sentido un poco teólogos. Al Barth "un poco filósofo" se le puede, pues, formular una pregunta filosófica. [...] Barth quiere evitar la teología abstracta del racionalismo, y lo que él llama la pneumatología abstracta del misticismo. Pero su *hubiera podido* ¿no es teología abstracta, como los puede?[18]

Para Fatone, resulta claro que Barth está en contra del racionalismo y su propósito es evitar toda forma de teología abstracta, pero al acentuar los "posibles" de Dios, los "hubiera podido", por caso, asumir la naturaleza de una piedra o de otra criatura, no puede evitar caer en el terreno de la especulación filosófica. Por eso, agrega Fatone: "El filósofo, que como tal puede permitirse ser un poco teólogo, se sentirá tentado a preguntar a Barth: ¿Por qué Dios eligió ese procedimiento? La respuesta de un teólogo filósofo no puede ser, estrictamente, sino la de Duns Scoto: Eligió ese procedimiento porque esa fue su voluntad".[19] Para Fatone hay preguntas legítimas que un filósofo como él puede formular al teólogo Barth. Entre otras, si la redención es de todo el mundo, incluyendo la materia y el espíritu y las criaturas de Dios; Fatone pregunta si se redimirán las bestias, el cristal de roca, los números, las cosas invisibles, etc. Y agrega: "Entonces es lícito volver a preguntarle a Barth: ¿Se redimirán las bestias? ¿Se redimirán los

---
18. *Ibíd.*, pp. 73 y 74. Cursivas originales.
19. *Ibíd.*, p. 74.

números?... ¿Todo lo que es en el mundo está llamado a la redención? Entonces, ¿pecan las bestias, y pecan los números? Porque, ¿qué es la redención, si no es redención del pecado?"[20] Quizás Fatone no toma en cuenta los alcances deletéreos y universales del pecado humano que afecta no solo a las relaciones del ser humano con Dios, sino también con su entorno, incluyendo el mundo animal y vegetal.

Siendo todavía más incisivo en su crítica, Fatone cuestiona que Barth, a la hora de responder esos cuestionamientos, solo responda que todo eso no nos incumbe. Que no nos incumbe saber si otros seres en grado aún mayor al ser humano dan muestras de conocer a Dios, ni nos incumbe saber "si Dios acepta con más complacencia que nuestras alabanzas 'los mugidos, el mar o la silenciosa caída de la nieve'. Nada de eso nos incumbe".[21] Y finaliza con una referencia a la tríada que, según Fatone, es común a la teología como a la filosofía: Dios, el mundo y el hombre. Al respecto, el filósofo argentino cuestiona a Barth su biblicismo –lo que alguien ha denominado "el positivismo de la revelación"– ya que "si nos apartamos del texto en que está la palabra revelada, confirmada por Dios mismo en Jesús, todo se convierte en metafísica desenfrenada".[22] Para Fatone, sin darse cuenta Barth, en una especie de antropología desenfrenada, explica:

> Esa jerarquía tripartita –Dios, el hombre, el mundo– es la misma de la filosofía tradicional; a ella sigue siendo fiel el existencialismo. Heidegger la repitió con una ligera variante que no hacía sino acentuar su rigidez:

---

20. *Ibíd.*, p. 75.
21. *Ibíd.*, p. 76.
22. *Ibíd.*

Barth: ¿teólogo existencialista?

"Dios, el hombre, la piedra". Pero, ¿cómo pudo Barth, el teólogo que llegó a admitir la posibilidad de que Dios aceptase con más complacencia que nuestras alabanzas los mugidos del mar y la silenciosa caída de la nieve, caer en esa *antropología* desenfrenada, y llegar a confesarla en su brutal "*No nos incumbe*"?[23]

A la luz de esta extensa exposición de Fatone, cabe preguntarse si la teología de Barth es realmente una teología existencialista. Podemos responder que lo es en tanto hunde sus raíces en la filosofía de Kierkegaard, del salto de fe, de la decisión para superar la enfermedad mortal. En ese sentido, Manuel Gutiérrez Marín, en su exposición sobre la teología dialéctica que hemos considerado en el capítulo 1, ubica al pensador danés junto con Brunner y Barth como representantes de esa teología al punto de que concluye su abordaje sobre Kierkegaard con esta afirmación: "En cuanto a la teología dialéctica actual, apenas nos la podríamos imaginar sin el precedente guiador de Kierkegaard".[24] Y, como hemos expuesto en el capítulo anterior, los términos "desesperación" y "fe" son comunes al lenguaje tanto de Kierkegaard como de Barth. Ahora bien, si la teología de Barth es existencialista, no lo es al estilo o talante de Heidegger. Barth se sitúa en un campo diferente al de Bultmann, que sí refleja de modo inocultable su relación con el pensamiento de Heidegger, con el cual desarrolló una gran amistad.[25] En Barth la primacía no la tiene la existencia humana como tal, sino que

---
23. *Ibíd.*, p. 77.
24. Manuel Gutiérrez Marín, *Dios ha hablado. El pensamiento dialéctico de Kierkegaard, Brunner y Barth*, La Aurora, Buenos Aires, Año del Libertador San Martín, p. 40.
25. Para un análisis de la influencia de Heidegger en la teología de Bultmann, véase Alberto F. Roldán, "La fe como evento existencial-escatológico en el pensamiento de Rudolf Bultmann", *Atenas y Jerusalén en diálogo. Filosofía y teología en la mediación hermenéutica*, Ediciones Puma, Lima, 2011, pp. 161-186.

todo remite a Dios en Cristo, en quien confluyen tanto el ser como el existir, por eso Fatone define que se trata de una "coexistencia". Porque, como bien comenta W. H. Van de Pol interpretando a Barth: "El hombre verdadero solo existe y se conoce en Jesucristo y en la fe en Él. El hombre se conoce a sí mismo a la luz de la Palabra de Dios. Incluso solo así puede el hombre entender el mundo y el universo".[26]

Conclusión

A lo largo de su medulosa exposición, el filósofo Vicente Fatone pone de manifiesto haber leído atentamente a Barth. Si bien el texto no tiene citas específicas, las referencias a los textos barthianos son detectables en cada uno de los párrafos del trabajo. El hecho de que el filósofo argentino haya incluido a Barth dentro de los "filósofos de la existencia", habla por sí mismo de la importancia que el teólogo de Basilea tiene para él. Su voz debe oírse junto a la de otros filósofos como Heidegger, Jaspers, Berdiaeff y Sartre. No obstante, si la teología de Barth puede considerarse como "existencial" lo es solamente en la perspectiva kierkegaardiana del término y no en el sentido heideggeriano, ya que el propio Fatone pondera el diálogo con Dios al que Barth nos invita, en contraste con el "pobre *dialecto*" propuesto por Heidegger.

En algunos segmentos de su exposición, Fatone muestra las influencias que Barth ha recibido de Duns Scoto y de Calvino; en este último caso, cita el comentario que Barth hace de su catecismo, insistiendo que la omnipotencia de Dios no es un simple "poderlo

---

26. W. H Van de Pol, *El final del cristianismo convencional*, trad. Adelaida Kraan de Colángelo, Ediciones Carlos Lohlé, Buenos Aires, 1969, p. 211.

todo" abstracto, sino una acción concreta. Fatone muestra con claridad que Barth rechaza toda teología natural porque para él la revelación de Dios en Cristo y mediada por la Biblia es la única posibilidad de conocimiento de Dios. Pero esto nos pone, según Van de Pol, ante un dilema peligroso. Dice el teólogo holandés: "Estamos ante un dilema ineludible, porque de por sí el punto de vista de Barth es irreconciliable con cualquier otro. Es exclusivo. No puede menos que excluir todos los demás puntos de vista y posibilidades".[27] Para Van de Pol carece de total fundamento la opinión de quienes dicen que posteriormente Barth se retractó de su exclusivismo originario. Por el contrario: "Según Barth no existe un conocimiento de Dios, del hombre y del mundo que refleje la verdadera situación, tal como tampoco existe una fe verdadera, a menos que sea sobre la base de los actos de revelación de Dios a la luz de su Palabra".[28] Las preguntas son inevitables: si esa revelación de Dios es en la historia, entonces, ¿qué pasa con quienes vivieron en una etapa anterior a la misma? ¿Qué lugar ocupa la revelación general de Dios mediante su creación? ¿Existen los *vestigia trinitatis* a los que se refieren autores como Gerald O'Collins?[29] En este sentido, nos parece que Paul Tillich se atreve un poco más para desarrollar una teología de la revelación de horizontes más amplios que intentan dar una respuesta a esas cuestiones.[30] Y, también, la perspectiva de Wolfhart Pannenberg y su "revelación en la historia" como una propuesta más amplia y menos autoritaria y exclusivista, ya que esa revelación no es un secreto a

---

27. *Ibíd.*, p. 209.
28. *Ibíd.*, p. 213.
29. Véase Gerard O' Collins, *Teología fundamental*, trad. Silvana Cobucci leite, Loyola, San Pablo, 1991, pp. 154-158.
30. Véase al respecto Alberto F. Roldán, "El concepto de revelación en Paul Tillich": Revista Teología y cultura, año 2, Nro. 3, 2005: http://www.teologos.com.ar/arch_rev/a_roldan_revelacion_tillich.PDF.

ciertos grupos humanos sino que, al ser revelación en la historia, ella se constituye en el escenario global de esa revelación que tiene su punto culminante y proléptico en la resurrección de Jesucristo.[31]

En la parte final de su exposición, Fatone es enérgico e incisivo en su crítica a Barth, denominándola sin ambages como una "durísima teología". ¿Será así? Lo es, si nos atenemos, como lo hace Fatone, a ciertos textos de la amplia obra barthiana. Pero pareciera que el filósofo argentino desconoce otras perspectivas del pensamiento de Barth sobre la inconmensurable gracia de Dios para todos. En efecto, al comentar el modo en que Barth reinterpreta la predestinación cristocéntricamente –Cristo es el Elegido y el Rechazado– David L. Mueller comenta que ciertas declaraciones de Barth sobre esa doctrina han suscitado numerosas críticas, entre otras, cierta inclinación al universalismo. Siendo sensible a ellas, explica Mueller: "él afirma que no cae dentro de la prerrogativa humana determinar la visión de la elección de Dios. [...] En breve, el hombre no puede limitar la actividad de Dios en su gracia".[32] Otro dato importante que acaso Fatone no tomó en cuenta es el notable ensayo de Barth "La humanidad de Dios"[33] que, en notable *insight* de José Míguez Bonino, representa la última etapa del largo peregrinaje teológico de Barth y que afirma que esa humanidad de Dios debe ser el criterio para

---

31. Para un análisis de la teología de Pannenberg sobre el tema, véase Alberto F. Roldán, "La epistemología escatológica en Wolfhart Pannenberg", Revista Teología y Cultura, Año 1, Nro. 2, 2004: http://www.teologos.com.ar/arch_rev/a_roldan_pannenberg.PDF.

32. David L. Muller, Karl Barth. *Makers of the Modern Theological Mind*, Bob E, Patterson, Hendrickson Publishers, Massachussets, 1072, p. 109. Para un análisis comparativo entre las perspectivas de Calvino de Barth respecto a la predestinación, véase Alberto F. Roldán, "El círculo hermenéutico en las teologías de Juan Calvino y Karl Barth" en *Reino, política y misión*, Ediciones Puma, Lima, 2001, pp. 125-155.

33. Karl Barth, "La humanidad de Dios", *Ensayos teológicos*, Herder, Barcelona, 1978.

comprender la revelación de Dios en Cristo.³⁴ En resumen: la teología de Barth puede considerarse "durísima", como la conceptúa Fatone, si solo se toman en cuenta los rasgos ¿calvinistas? de sus planteos sobre la exclusividad de la revelación, pero deja de serlo si tomamos en cuenta la inmensurable gracia de Dios y humanidad en la cual Él ha decidido revelarse. Por eso, más allá de las críticas —válidas— al cristomonismo de Barth y a su exclusivismo, finalmente en su teología asistimos al triunfo de la gracia de Dios sobre todas las limitaciones humanas.

---

34. José Míguez Bonino, *Toward a Christian Political Ethics*, Fortress Press, 1983, Filadelfia, p. 80. (Versión en castellano, *Militancia política y ética Cristiana*, La Aurora, Buenos Aires, 2013.)

Capítulo 3

La contradicción entre revelación y religión y sus implicaciones

> *La religión cristiana es el área sacramental creada por el Espíritu Santo, en la cual el Dios cuya palabra se hizo carne continúa hablando a través del signo de su revelación.*
>
> Karl Barth[1]

¿En qué sentido la revelación de Dios, histórica y personalmente centrada en Jesucristo, significa la abolición de la religión? ¿Cómo se oponen los conceptos y fenómenos conocidos como "revelación" y "religión"? Desde otro ángulo: ¿cómo se relacionan ambas realidades? ¿Qué actualidad tiene para nosotros y para nuestra misión cristiana en América Latina el enfoque que Barth adopta de la revelación en oposición a la religión? El presente trabajo intenta dar respuestas a estos interrogantes. La base para nuestra reflexión la constituye el volumen I, parte 2 de la *Church Dogmatics*.[2] Esa sección se titula: "La revelación de Dios como la abolición de la religión".

---

1. Karl Barth, *Church Dogmatics. The Doctrine of the Word of God*, trad. G. T. Thompson & Harold Knight, Edimburgo: T & T Clark, 1956, p. 359

2. *Ibid*. Hay traducción al castellano del original alemán: Karl Barth, *La revelación como abolición de la religión*, trad. Carlos Castro, Madrid: Marova, 1971

1. ¿Cómo se da el problema de la religión en la teología?

Barth define la revelación como el evento que "ha sido comprendido y expuesto tal como es atestiguado a la Iglesia de Jesucristo por la Santa Escritura".[3] Con su característico enfoque dialéctico, Barth dice luego que "la revelación de Dios es realmente la presencia de Dios y por lo tanto el ocultamiento de Dios en el mundo de la religión humana".[4] La autorrevelación de Dios constituye una prerrogativa divina, un hecho exclusivamente suyo, mientras que la religión aparece como un fenómeno humano universal. Pero la cuestión surge cuando consideramos el hecho de que la revelación de Dios también tiene que ser considerada como una religión entre otras religiones. Se trata de una cuestión en la que entran en juego la teología, la Iglesia y la fe. ¿En qué radica el problema de la religión? Para el teólogo reformado radica simplemente en que la religión es la expresión "del problema del hombre en su encuentro y comunión con Dios. Es, por lo tanto, una chance de caer en tentación".[5] Esto nos muestra que la tentación no solo radica en relación a lo decididamente pagano, pecaminoso, aberrante. La tentación puede ocurrir –tornándose por ello en más grave y peligrosa– aún en el ámbito de la religión, de la relación del hombre con lo divino.

Luego Barth pasa a analizar en concreto el problema de la teología protestante en relación con la religión. En este sentido es categórico al afirmar que la catástrofe real de la teología protestante no fue lo que a menudo ha sido dicho de ella, "sino que la real catástrofe

---
3. *Church Dogmatics*, p. 280
4. *Ibíd.*, p. 282.
5. *Ibíd.*, p. 283.

fue que la teología ha perdido su objeto, la revelación en toda su singularidad. Y, perdiendo eso, pierde la semilla de la fe con la cual podría remover montañas, aún la montaña de la moderna cultura humanística".[6] En otras palabras, la teología protestante, al procurar relacionar revelación con religión, ha caído en la tentación de asignarle a esta última una autonomía, una realidad aparte y contra la revelación. La revelación, por el contrario, debe ser considerada como lo que es: "soberana acción de Dios sobre el hombre o no es revelación".[7] La crítica de Barth a la cuestión humanística también nos da material para una posterior reflexión en nuestro contexto, cosa que haremos al final del presente trabajo.

2. ¿En qué sentido la religión es incredulidad?

En la parte central de su exposición, Barth enfoca a la religión como incredulidad. Ya el mero enunciado del tema muestra una vez más la antítesis revelación vs. religión. Barth comienza afirmando que la religión es incredulidad. "Es el interés, verdaderamente deberíamos decir que es el único gran interés, del hombre impío".[8] ¿Cómo nos damos cuenta de esto? ¿A partir de qué hecho podemos advertir que la religión es en sí misma incredulidad y no precisamente fe? Barth responde que "tenemos que considerarlo desde el punto de vista de la revelación atestiguada en la Santa Escritura".[9] Es decir, debemos partir del hecho objetivo de la revelación para reconocer, a la luz de ella, que la religión, lejos de

---
6. *Ibíd.*, p. 294.
7. *Ibíd.*, p. 295.
8. *Ibíd.*, pp. 299-300.
9. *Ibíd.*, p. 301.

representar una actitud de fe, entrega y obediencia, es simplemente incredulidad. Y hay dos elementos que para Barth hacen que esto sea algo claro y contundente:

> 2.1. La revelación es la autoentrega y automanifestación de Dios.

A modo de explicación de esta primera afirmación, Barth dice:

> [...] la revelación encuentra al hombre sobre la presuposición y en la confirmación del hecho de que los intentos del hombre por conocer a Dios desde su propio punto de vista son total y enteramente fútiles: no por causa de alguna necesidad en principio, sino por causa de una necesidad práctica de hecho. En la revelación Dios le dice al hombre que Él es Dios, y que como tal es su Señor. [10]

Pero, ¿qué es revelación en este contexto? Siguiendo con el tema, nuestro autor va a decir que "la verdad de que Dios es Dios y nuestro Señor, y la ulterior verdad que podríamos conocer de Él como Dios y Señor, solo puede venir a nosotros a través de la verdad misma. Este 'venir a nosotros' de la verdad es revelación".[11] De modo que esta revelación, por propia definición y esencia, es un venir de Dios mismo, de ninguna manera un fruto de la actividad de hombre. Por eso es que enseguida podrá decir: "Desde el punto de vista de la revelación, la religión es claramente vista como un intento humano de anticipar lo que Dios en su revelación desea hacer y hace. Es el intento de reemplazar la obra divina por una manufactura

---

10. *Ibíd.*, p. 301.
11. *Ibíd.*

humana".¹² Y es que la religión, para Barth, es un *a priori*, una actividad humana en la que la criatura trata de asir por su cuenta la verdad acerca de ella y de Dios. En la religión el hombre, en lugar de escuchar y creer, habla. En vez de aceptar un don que viene de Dios, trata de hacer algo por sí mismo. Y es aquí donde radica la esencia de la contradicción: "Por causa de ser un apoderarse, la religión es la contradicción de la revelación, la concentrada expresión de la incredulidad humana, es decir, una actitud y una actividad que está directamente opuesta a la fe". ¹³

¿Cuáles son los fundamentos bíblicos a los que apela Barth para formular afirmaciones tan contundentes? Por un lado, el rechazo de la idolatría pagana, es decir, todo el cúmulo de religiones paganas en el cual el hombre por sí mismo es el artífice de su propio dios, tal como se ve en pasajes como Jeremías 10:1-16 e Isaías 44:9-20. En cuanto al Nuevo Testamento, el desarrollo de este pensamiento se encuentra en Romanos 1:18ss; Hechos 14:15ss y 17:22ss. Mientras los hombres "detienen con injusticia la verdad" (Ro. 1:18), cuando Cristo apareció, murió y resucitó, la gracia de Dios llegó a ser un evento para todos los seres humanos, y todos ellos son hechos responsables por su ser y actividad porque su ser y actividad están revelados a la luz del evento de Cristo. En un análisis más particular de Romanos 1, Barth llega a la conclusión de que Pablo no dice nada acerca del paganismo como que mantuviera cierto conocimiento "natural" de Dios a pesar de su defección. Por el contrario, la ira de Dios ha sido revelada contra esa defección porque "ahora que esa revelación ha venido y su luz ha caído sobre el paganismo, la religión pagana se

---
12. *Ibíd.*, p. 302.
13. *Ibíd.*, pp. 302-303.

muestra totalmente opuesta a la revelación: una falsa religión de incredulidad".[14]

2.2. Como autoentrega y automanifestación de Dios, la revelación es el acto por el cual Él reconcilia en gracia al ser humano consigo mismo por gracia.

Barth sigue con su radicalismo cuando afirma que la revelación presupone que el hombre es incapaz de ayudarse a sí mismo en un todo o aún en parte. Es en esta sección que nuestro teólogo centraliza en Cristo su tema mediante declaraciones que, por su claridad y justeza, merecen ser citadas *in extenso*:

> La revelación de Dios en Cristo Jesús sostiene que nuestra justificación y santificación, nuestra conversión y salvación, han sido efectuadas y logradas de una vez por todas en Cristo Jesús. Y nuestra fe en Jesucristo consiste en nuestro reconocer y admitir y afirmar y aceptar el hecho de que cada cosa realmente ha sido hecha por nosotros de una vez por todas en Cristo Jesús. Él es la asistencia que viene a nosotros. Él es la única Palabra de Dios que nos ha sido hablada. Hay un cambio de status entre Él y nosotros: su justicia y santidad son nuestras, nuestro pecado es suyo; Él está perdido por nosotros y nosotros por su causa somos salvos. Por este cambio (**katallagé**, 2 Co. 5:19) la revelación se mantiene o cae.[15]

Barth ha dicho que una forma de la contradicción entre revelación y religión radica en el intento de esta última de asir por su cuenta a Dios. Ahora indica otra forma en que se da el mismo fenómeno. Se

---
14. *Ibíd.*, p. 307.
15. *Ibíd.*, p. 308. Cursivas y negritas originales.

trata de la idolatría, el producto humano que la criatura coloca en lugar de la Palabra de Dios. Imágenes que primero son espirituales, luego religiosas y finalmente visibles. No interesa tanto si las representaciones de Dios ocupan un lugar primario o secundario. Lo que sí importa es su resultado, que Barth sintetiza en expresiones gráficas: "cerramos la puerta en contra de Dios, nos alienamos de Él, nos colocamos en directa oposición a Él". [16]

3. La verdadera religión

Acaso esta última parte de la exposición barthiana sea la más crítica. Decimos esto porque, aunque ya en las dos partes comentadas Barth ha sido tan ácido en cuanto a la religión, su tratamiento estaba dirigido al fenómeno religioso en general. Ahora va a señalar el juicio que la revelación hace al cristianismo particularmente, a toda la práctica de nuestra fe: nuestras concepciones cristianas de Dios, nuestra comunión, nuestra adoración, ética, poesía, arte, vida cristiana, estrategia y táctica cristianas, es decir, nuestro cristianismo. La idea es que éste, con todos sus detalles, no es como debería ser: una obra de fe, obediencia a la revelación. Y por ello, aunque de un carácter diferente a las religiones, finalmente cae en la incredulidad, en la oposición a la revelación divina, en activa idolatría y en justicia propia. Como base escritural para esta parte del tema, Barth apela a los pasajes de Éxodo 32, la escena del becerro de oro en que los israelitas están envueltos en una especie de "festival idolátrico" que provoca la ira de Moisés. La religión israelita se revela entonces en una especie de abstracción de la

---
16. *Ibíd.*, p. 309.

gracia de la revelación. También hace referencia a Amós (capítulos 5, 7 y 9). "Con Amós parece abrirse un irreconciliable golfo entre la revelación y la religión de la revelación".[17] El juicio de Dios ha recaído sobre la religión de la revelación. El Nuevo Testamento también ofrece un panorama de lo que puede llegar a ser la religión cristiana sin revelación. Ilustra este hecho con varios pasajes de los Evangelios, especialmente Juan 15 y la parábola de la vid y los pámpanos. Cita varios casos que muestran a una religión cristiana que todavía está marcada por la incredulidad: Ananías, Safira, Simón el mago. Otro pasaje que marcha en la misma dirección es el del capítulo 13 de 1ª Corintios. En efecto, allí se da un resumen de toda la vida de la comunidad cristiana y se muestra cómo, sin el amor, que para Barth es un concepto en el que deberíamos insertar el nombre de Jesucristo, el cristianismo resulta totalmente relativizado en desmedro de la revelación. Significa, en breve, una crisis aún para la religión de la revelación.

Lo dicho precedentemente conduce a nuestro autor a mostrar cómo es posible una verdadera religión en el ámbito del cristianismo. Es aquí donde apela pura y exclusivamente a la gracia de Dios y la acción del Espíritu Santo. Dice específicamente: "una verdadera religión es un evento en el acto de la gracia de Dios en Jesucristo. Para ser más preciso, es un evento en el derramamiento del Espíritu Santo".[18] La verdadera religión, entonces, no ocurre como una acción del hombre sino por una acción exclusivamente de Dios. Es en el nombre de Jesucristo, en la gracia de Dios y en el derramamiento del Espíritu Santo que se hacen realidad la revelación y la reconciliación.

---
17. *Ibíd.*, p. 328.
18. *Ibíd.*, p. 344.

Solo así podemos hablar de verdadera religión bajo cuatro aspectos específicos que Barth desarrolla:

3.1. En la relación entre el nombre de Jesucristo y la religión cristiana nosotros tenemos que ver con un acto de la creación divina. Concretamente: "el nombre de Jesucristo crea la religión cristiana. Aparte de Él no podría ser". [19]

3.2. En la relación entre el nombre de Jesucristo y la religión cristiana nosotros tenemos que ver con un acto de la elección divina. Vinculando este nuevo concepto con el anterior, Barth dice que: "Así como hay una **creatio continua** también hay una **electio continua**, mejor descripta, por supuesto, como fidelidad y paciencia de Dios".[20] Es elección, la santa elección que hace de la religión cristiana una verdadera religión. Esto significa que la religión cristiana es verdadera porque le ha placido a Dios, ya que Él es el único que puede juzgar en esta materia.

3.3. En la relación entre el nombre de Jesucristo y la religión cristiana tenemos que ver con un acto de la divina justificación o el perdón de los pecados. En este punto Barth es más claro en cuanto a la relación entre religión cristiana y verdadera religión. La pregunta clave para él y su correspondiente reflexión se relacionan con la realidad de la experiencia de los creyentes. Dice Barth:

> ¿Son ellos realmente su Iglesia, sus hijos y, por lo tanto, los hermanos adoptados de su eterno Hijo? Si ellos no lo son, si su religión cristiana

---

19. *Ibíd.*, p. 346.
20. *Ibíd.*, p. 349. Negritas originales.

es justamente una máscara, entonces aún si ella es la más perfecta y lógica forma de cristianismo, es incredulidad semejante a todas las otras religiones paganas. Es falsedad y equívoco y una abominación delante de Dios. Pero si ellos son, si ellos viven por la gracia de Dios, si ellos participan en la naturaleza humana de su eterno Hijo, si ellos se nutren por su cuerpo y por su sangre como miembros terrenales de su cuerpo terrenal en comunión con Él como su cabeza celestial: entonces por virtud de esta comunión sus pecados son perdonados, aún el pecado de su religión es correctamente perdonado. Su religión cristiana es religión justificada y por lo tanto la correcta y verdadera religión.[21]

3.4. En la relación entre el nombre de Jesucristo y la religión cristiana nosotros tenemos que ver con un acto de la santificación divina. Barth se refiere al tradicional significado bíblico de la santificación como separación, diferenciación y caracterización del pueblo de Dios. Un pueblo que es hecho santo con vistas a mostrar que es la verdadera religión. Aquí, nuestro teólogo sintetiza prácticamente todo lo expuesto en un solo concepto elaborado magistralmente: "La religión cristiana es el área sacramental creada por el Espíritu Santo, en la cual el Dios cuya palabra se hizo carne continúa hablando a través del signo de su revelación".[22] La encarnación del *Logos* es, para Barth, la piedra de toque para saber si permanecemos dentro de la *analogía fidei*. Dice:

> Para permanecer en la *analogía fidei* y no abandonar el plano teológico, hay que orientarse en relación con la noción cristológica de la encarnación de la Palabra, de la *assumptio carnis*. Revelación divina y

---

21. *Ibíd.*, p. 356.
22. *Ibíd.*, p. 359.

La contradicción entre revelación y religión y sus implicaciones

religión humana están unidas de la misma manera que lo están Dios y el hombre en Jesucristo: en virtud de un acontecimiento. [...] Así como el hombre Jesús no existe en abstracto, sino en la unión realizada por el acontecimiento que tiene por sujeto la Palabra de Dios, por tanto, Dios mismo, verdadero hombre y verdadero Dios, lo mismo debe entenderse del hombre que con su religión es aquel que puede seguir a Dios porque Dios le precede [...] [23]

4. Algunas implicaciones para nuestra realidad

Es mucho y denso el material que nos ofrece Barth en esta presentación que él hace en cuanto a la confrontación entre religión y revelación. De las muchas implicaciones que podríamos extraer, se nos ocurre señalar algunas que acaso sean las más relevantes para nuestra situación hoy.

4.1. La teología, como labor de la Iglesia, debe ser examinada constantemente en sus contenidos y postulados. Los que hacemos teología, académica o no, a nivel técnico o popular, debemos siempre examinar críticamente y con realismo todo lo que decimos, enseñamos y escribimos. Siempre está al acecho el peligro de perder el verdadero objeto de la teología: la revelación de Dios en toda su singularidad. En un mundo que marcha –pese a sus divisiones– hacia una unificación, sincretismo, relativismo

---

23. Karl Barth, *La revelación como abolición de la religión*, p. 54. Cursivas originales. Para un análisis fenomenológico de la encarnación del *Logos*, véase el notable trabajo de Michel Henry, *Encarnación. Una filosofía de la carne*, trad. Javier Teira, Gorka Fernández y Roberto Ranz, Sígueme, Salamanca, 2001. También, Alberto F. Roldán: "La encarnación del *Logos* según la inversión fenomenológica de Michel Henry: de la gnosis a la Archignosis", 2016 (inédito).

y contemporización, el cristianismo no tiene que perder la semilla de esa fe que es poderosa para mover montañas, incluyendo, dice Barth, "la montaña de la moderna cultura humanística". Si esto último era real cuando el teólogo de Basilea lo escribió, cuánto más es una realidad hoy cuando, por medio de mil formulaciones, el humanismo –en el sentido peyorativo del término[24]– se nos introduce en las esferas mismas de la Iglesia. La teología cristiana no debe negociar lo que es el objeto mismo de ella: su revelación, a menos que quiera terminar siendo un discurso más sobre Dios, de los muchos que hay hoy pero carente de vida, de fuerza y de apelación.

4.2. Barth nos recuerda que la verdadera religión, más que fórmulas prolijamente elaboradas, es un acontecimiento (*Ereiginis*) y una experiencia. El acontecimiento histórico de Jesucristo y la acción de la gracia y el Espíritu Santo. Sin esas realidades que tienen exclusivamente a Dios como autor y agente, todas nuestras fórmulas y prácticas –por ortodoxas que sean– terminan por convertirse en piezas de museo. Su existencia en la comunidad cristiana, por el contrario, hace que esta se convierta en un instrumento de proclamación y demostración de la verdadera religión. Un hecho que es atribuible a la creación, la gracia y la elección de Dios en Jesucristo.[25]

---

24. Decimos humanismo en el sentido peyorativo, porque hay una noción positiva del mismo, como puede percibirse en la teología del propio Calvino. Véase por caso, André Biéler: *El humanismo social de Calvino*, Escatón, Buenos Aires, 1973 y el propio texto de Barth: "La humanidad de Dios" donde parece matizar esta posición.

25. Me he ocupado del tema de la elección en la teología de Barth y su replanteo en contraposición a Calvino en Alberto F. Roldán, "El círculo hermenéutico en las teologías de Juan Calvino y Karl Barth" en *Reino, política y misión*, Ediciones Puma, Lima, 2011, pp. 125-155.

4.3. La contradicción entre religión y revelación adquiere para nosotros hoy, en el escenario de América Latina, una relevancia especial. En efecto, en las últimas décadas se han dado varios fenómenos filosóficos, ideológicos y aún religiosos que nos obligan a tomar muy en serio las advertencias de Barth. En el ámbito de lo religioso y aun específicamente del cristianismo se han dado movimientos sincretistas. Influencias directas o indirectas de ciertas formas de existencialismo han conducido a escuelas o tendencias hermenéuticas que terminan por afectar la esencia misma de la revelación. Por otra parte, el sincretismo religioso se observa marcada (y trágicamente en nuestro mundo latinoamericano) con la invasión de religiones orientales que han logrado penetrar en muchos ámbitos de la cultura. Campea en ellos cierto humanismo optimista que, lejos de recurrir a la revelación de Dios para buscar respuesta a la problemática humana, dice que la verdad está dentro de uno mismo, sin importar las ideas que se tengan sobre Dios o los dioses. Un ejemplo de ese sincretismo es el caso de Joseph Campbell (fallecido en 1987) que, más allá de sus buenas intenciones y sus aportes al tema del mito, con referencia a Jesús dice:

> [...] la ascensión a los cielos es una metáfora que alude a la muerte de nuestro ser animal y al renacimiento en un plano espiritual superior... "todas las historias religiosas son cáscaras que ocultan enseñanzas esenciales idénticas... Dios es la experiencia de mirar un árbol y decir: ¡ahhhh!... Es la energía esencial de la vida –la fuerza que solo podemos encontrar en nuestro interior.[26]

---

26. "Joseph Campbell y el poder del mito", revista *Uno mismo*, Nro. 88, p. 37.

Cristianismo, orientalismo, reencarnación, humanismo y panteísmo son interrelacionados por Campbell en una confusa mixtura que, a pesar de ello, resulta atractiva a los ojos del hombre contemporáneo. Un hombre que ha perdido la importancia de los hechos de la historia y que, en su afán por el misticismo en cualquiera de sus formas, permite que Jesús también ocupe algún lugar en ese mundo de constelaciones. Claro, siempre y cuando no pretenda exclusividad. Nada más lejos de lo que debe ser el cristiano, del hijo y la hija de Dios que ha experimentado no una religión de factura humana que pretende apoderarse de lo divino, sino que se ha rendido a la revelación de Dios: la encarnación de Jesucristo.

Otra forma, acaso más sutil de los años 1980 a la actualidad, es la teología de la prosperidad, una nueva forma de sincretismo que, en abierta oposición a la fe judeocristiana, enfatiza la prosperidad material como el signo de ser hijo de Dios, pero que produce mutaciones muy serias en la idea de Dios, de Jesucristo y de la Iglesia, ya que Dios se torna el Ser amigo de los ricos y poderosos, transmuta al Jesús humano amigo de publicanos, pecadores y marginados, en un rico amigo de poderosos y dominadores. Cambia la ética del amor al prójimo, que debe atender a las viudas, huérfanos, pobres y extranjeros, en una vida puramente individualista e insolidaria. Esta es, también, una nueva forma que adquiere una religión que ha perdido sus bases bíblicas e históricas rindiéndose al Mercado como deidad a la cual hay que sacrificar diariamente vidas humanas.

Conclusión

Más allá de que en el texto analizado Barth no considere a la revelación general y sus alcances, y que no tome en cuenta que también la misma Biblia supone una tradición de distintas fuentes,[27] su mensaje es claro: la religión, producto de la propia inventiva humana, está condenada al fracaso por situarse en las antípodas de la revelación. Pero lo más grave, como el teólogo suizo advierte con ejemplos tomados de la propia Escritura, es que la religión genuina también puede distorsionarse y ubicarse en oposición a la revelación. Este es quizás el principal mensaje de este rico texto que corresponde a las primeras etapas de la teología de Barth luego de su rechazo del liberalismo teológico del cual fue nutrido por sus maestros en Alemania. Como tal, ese mensaje tiene siempre vigencia.

En síntesis: la Iglesia está llamada a ser el área sacramental creada por el Espíritu Santo, en la cual Él continúa hablando a un mundo confundido, mediante su única Palabra hecha carne: Jesucristo.

---

[27]. Al respecto, el teólogo Andrés Torres Queiruga señala que Karl Barth parte de un presupuesto muy predeterminado de lo que es la revelación, al punto de negar que pueda haber alguna revelación fuera de la Biblia y agrega: "De hecho, Barth no hizo más que elevar a categoría extrema, en el apasionamiento de su 'teología dialéctica', lo que constituye el prejuicio espontáneo de casi toda la teología: revelación es la 'palabra de Dios' en la Biblia, todo lo demás es otra cosa." Andrés Torres Queiruga, *La revelación de Dios en la realización del hombre*, Cristiandad, Madrid, 1987, p. 28. Argumenta el teólogo gallego que afortunadamente la fenomenología de la religión y la moderna investigación bíblica se han abierto a nuevas perspectivas y esta última – dice citando a O. James– "utiliza libremente los materiales recogidos en otras fuentes y culturas contemporáneas para ilustrar sus propios datos especializados". *Ibíd.*, p. 29.

Capítulo 4

Iglesia, sociedad, Reino de Dios y política

> La "comunidad cristiana" (Iglesia) es la entidad colectiva de los hombres de una localidad, de una región, de un país que como "cristianos" están en particular llamados aparte de los demás y reunidos por el conocimiento y para la confesión de Jesucristo. El objeto, el sentido y fin de esta "asamblea" (ecclesia) es la vida común de esos hombres en un espíritu, el Espíritu Santo, es decir, en la obediencia a la palabra única de Dios en Jesucristo.
>
> Karl Barth[1]

Si hay algo sobre lo cual Karl Barth reflexionó, escribió y actuó, es el ámbito de la Iglesia, la comunidad civil y la responsabilidad política, todas ellas centradas en el carácter final y decisivo del Reino de Dios. En este capítulo nos referimos a esas tres esferas que en su pensamiento y acción siempre estuvieron en consideración por parte del teólogo de Basilea. De su enorme obra teológica hemos escogido a los fines del presente trabajo dos textos: *La Iglesia, comunidad viva de*

---

1. Karl Barth, *Comunidad cristiana y comunidad civil* (original alemán: *Christengemeinde und Bürgergemeine*, trad. Andrés Sánchez Pascual, Diorki), Fontanella y Marova, Barcelona, 1976, p. 82. Cursivas originales.

Jesucristo, el Señor que vive[2] y *Comunidad cristiana y comunidad civil*[3]. A ello luego sumamos unos diálogos enjundiosos que Barth sostiene con colegas y donde clarifica lo que entiende por "Reino de Dios" y la responsabilidad política cristiana en el mundo.

1. Comunidad viva de Jesucristo, el Señor que vive

Barth comienza definiendo a la Iglesia como "la comunidad de Jesucristo, el Señor que vive".[4] Es tan importante para él esta designación de la Iglesia que sostiene que quien tenga el corazón dividido en relación a este tema, no podrá comprender cabalmente las palabras a las que hay que recurrir, las que le resultarán ambiguas, sosas y, finalmente, vacías. Para Barth, todas las otras designaciones de la Iglesia –cuerpo de Cristo, esposa de Cristo, ciudad y plantación, pueblo y rebaño– se refieren a la comunidad viva de Jesucristo.

Barth estructura su pensamiento en base a tres ejes: el *ser* de la Iglesia, la *amenaza* de la Iglesia y la *renovación* de la Iglesia. En relación al ser de la Iglesia, Barth afirma que se trata de "el concepto de una realidad *dinámica*".[5] ¿Qué quiere decir Barth con "dinámica"? Con esta expresión se refiere a Jesucristo como Señor resucitado,

---

2. Karl Barth, *Ensayos Teológicos*, trad. Claudio Gancho Herder, Barcelona, 1978, pp. 191-214. Este fue un artículo elaborado por Barth como parte de los trabajos preparatorios de la comisión de estudios para el Concilio Mundial de Iglesias celebrado en Amsterdam en septiembre de 1948.

3. De esta obra hay dos traducciones al castellano: la primera, con traducción desde el francés hecha por Elizabeth Lindenberg de Delmonte y prólogo de Emilio Castro, fue publicada en Montevideo (1967) por la Unión Latinoamericana de Juventudes Evangélicas y Ediciones Tauro con el título *Comunidad civil y comunidad cristiana*. La segunda, consignada en nota 1 y de la cual citamos en el presente trabajo.

4. Karl Barth, *Ensayos teológicos*, p. 191.

5. *Ibíd.*, p. 192. Énfasis original.

a la historia entre Dios y el hombre. La Iglesia es dinámica. Ella "existe porque *ocurre* todo eso. La Iglesia es el *acontecimiento* de esta reunión".[6] El *ser* de la Iglesia, entonces, no es una cuestión ontológica como si perteneciera a un mundo de realidades ultraterrenas. Por el contrario, la Iglesia es un acontecimiento en la historia que se concreta cuando se da esa reunión de "unos a otros" en el nombre de Jesucristo. "El ser de la Iglesia es el acontecimiento en el que ese singular 'unos a otros' humano es posible y se convierte en realidad".[7] Barth relaciona el *ser* de la Iglesia con la soberanía de Jesucristo, el cual es Señor no solo de la Iglesia sino del mundo. Aclara que el ejercicio de esa soberanía no necesita de un sometimiento de unos a otros, sino de su "libre obediencia". Esto permite definir mejor la Iglesia en los siguientes términos: "La palabra 'Iglesia' debe apuntar a esa soberanía de Jesucristo y, por ello, justamente, a esa comunidad libre; libre tanto respecto al Señor como en las relaciones de todos sus miembros entre sí. De otro modo, apuntaría hacia donde no se encuentra la Iglesia".[8]

Barth, fiel a su énfasis en la palabra de Dios, le otorga a ella un lugar preponderante en este *ser* de la Iglesia. Es la Sagrada Escritura la que "aporta la 'prueba del espíritu y de la fuerza' y, por lo mismo, de su propia prueba".[9] La Iglesia es suceso, acontecimiento, precisamente porque en ella los hombres y mujeres oyen la Sagrada Escritura como palabra de Dios. Esto es un acontecimiento dinámico porque "hay un intercambio fructífero de la Biblia con los hombres y de los hombres con la Biblia. La palabra 'Iglesia' debe apuntar a

---
6. *Ibíd*. Énfasis original.
7. *Ibíd.*, p. 193.
8. *Ibíd.*
9. *Ibíd.*, p. 194.

ese intercambio, y en ningún caso a otro lugar, ¡ni a otro lugar a la vez!".[10]

Otra realidad que se vincula con el ser de la Iglesia es la presencia del Espíritu Santo. La Iglesia es llamada "comunión del Espíritu Santo", que "es justamente el despliegue efectivo de la fuerza y energía de la obra del Señor Jesucristo, hecha palabra para los hombres elegidos y provocando su respuesta".[11]

> Comunión del Espíritu Santo es otra realidad dinámica como lo es la recepción de la palabra de Dios. Porque esa comunión "es el acto que brota de lo más hondo del corazón de Dios, en cuya realización se hace verdad que determinados hombres en medio del acontecer mundano confiesan que pueden reconocer en su palabra y en su obra, en su acción y en su pasión, lo que es una realidad para todo el mundo –aunque el resto del mundo aún no lo reconozca así, porque son ellos precisamente quienes se lo han de comunicar–, a saber: que Jesucristo es el Señor.[12]

El ser de la Iglesia también se vincula al bautismo y la cena del Señor. El primero es recibido por muchos en distintas épocas en el nombre del Dios trino y es el signo por el cual son recibidos como amigos de Dios. La Iglesia también es acontecimiento eucarístico, porque en la cena del Señor se toma parte por adelantado de las "bodas del Cordero". Barth relaciona ambos sacramentos con la Iglesia, diciendo: "La palabra 'Iglesia' designa la historia, la acción y el don divino y la recepción humana del bautismo y de la cena

---

10. *Ibíd.*
11. *Ibíd.*
12. *Ibíd.*, p. 195.

Iglesia, sociedad, Reino de Dios y política

del Señor, y solo entonces es una palabra de contenido pleno".[13] Finalmente, el *ser* de la Iglesia es un acontecimiento que debemos ver desde fuera, es decir, desde el mundo, ya que la Iglesia es llamada a brillar en el mundo. La Iglesia está en el medio del mundo y se distingue del mundo, pero no para aislarse de él sino para ser "un foco de inquietud, amonestación e incitación profética"[14] para el mundo. En suma, "se trata del cumplimiento de su misión frente a ese mismo mundo".[15]

En los párrafos finales de la primera parte, Barth reflexiona sobre la importancia de las palabras "Iglesia" y "comunidad". Intuye que Lutero pensó alguna vez abandonar la palabra "iglesia" y sustituirla por "comunidad". Lamenta que no llegó a concretarlo porque de ese modo, a su entender, hubiera hecho una gran contribución a la Iglesia en general y no solo a la luterana. Lo que se designa con la palabra "iglesia" debiera ser algo concreto, aplicable al mismo fenómeno en todas las circunstancias. La voz griega *ecclesia* tenía originalmente esa virtud. Pero luego, al ser trasladada a idiomas modernos como por ejemplo al francés *église* o al castellano *iglesia*, ya no tienen, dice Barth, la misma virtud del vocablo griego.[16] Y agrega a modo de contraste: "Por el contrario, la palabra comunidad (*congregatio*, alemán *Gemeinde*) ciertamente que aún conserva un aspecto bien concreto".[17]

---

13. Ibíd.
14. *Ibíd.*, p. 196
15. *Ibíd.*
16. También señala Barth que las palabras nórdicas *kirche, kerk* y *church* tampoco indican un matiz concreto. Sobre el significado de esos términos Barth dice que los especialistas no están de acuerdo. No obstante, pareciera que se originan en la vinculación con el término griego *kyrios*, "Señor", con lo cual esas palabras designarían a la "comunidad del Kyrios".
17. *Ibíd.*, p. 197

El segundo aspecto tratado por Barth es el que denomina "la amenaza de la Iglesia". Aquí destaca su carácter humano, ya que la Iglesia vive sobre la tierra, metida en las luchas propias de la historia del mundo. Precisa Barth: "Por su cabeza, la Iglesia es divina; su cuerpo es única y exclusivamente de naturaleza e índole humanas. En sí y por sí es un elemento de la realidad *creada* y, por tanto, *amenazada*".[18] ¿Cómo se manifiesta este carácter humano, frágil, de la Iglesia? ¿En qué sentido la Iglesia es una realidad "amenazada"? ¿Amenazada por qué? Barth es claro en esto, cuando se refiere a la posibilidad de la incredulidad, la herejía, el odio, la indiferencia, la superstición, la ignorancia, la desesperación. "Por todo ello, el ser humano de la Iglesia desde su lado humano es un ser *amenazado*. No puede ser de otro modo mientras Dios no sea 'todo en todos'".[19] La Iglesia no solo es amenazada sino también combatida. Recurriendo a metáforas oftalmológicas, Barth dice que la amenaza y el ataque puede darse cuando los miembros de la Iglesia tienen "ojos soñolientos", con lo cual se colocan en las antípodas de aquellos siervos que, según la descripción del evangelio, deben estar velando. Otra forma es de aquellos que tienen "ojos estrábicos". Se trata de cristianos que tienen la luz de la palabra de Dios, pero también ven la luz en otros lugares, ya que tienen otros intereses. Pero "la forma más perniciosa de ataque a la Iglesia es la que se describe en el Evangelio con las acerbas palabras de `guías ciegos de ciegos´ (Mt. 15:14). Los ojos de los cristianos pueden *cegarse*".[20] Esta ceguera se manifiesta cuando los cristianos no alcanzan a divisar la luz divina que los rodea, cuando el señorío de Jesucristo es para ellos

---

18. *Ibíd*. Énfasis original.
19. *Ibíd.*, p. 198.
20. *Ibíd.*, p. 200.

solo un recuerdo y cuando "la Biblia se ha convertido para ellos en fuente de material lingüístico para sus propios pensamientos".[21] De esta manera, la comunidad de Jesucristo se paraliza. Dado que la comunidad es una realidad amenazada, Barth señala que "la comunidad está en peligro, la comunidad está constituida por hombres que pueden pecar contra la gracia de Dios. Es, desde luego, un milagro que esto no ocurra. Puede ocurrir, pero no es necesario que ocurra. La Iglesia no es infalible".[22] Cuando el dinamismo que es propio del ser de la Iglesia se estanca, cuando el acontecimiento deja de ser, *"entonces la Iglesia deja de ser Iglesia"*.[23] Barth ilustra su afirmación con el conocido texto de Apocalipsis: "tienes nombre de que vives, y estás muerto" (Ap. 3:1). Apelando a metáforas de la medicina, explica Barth:

> Y esto es peligroso, pues cuando la Iglesia muere, aunque sea en parte, ya no es Iglesia. Esa parte es una gangrena que fácilmente lo devora todo y puede provocar la muerte del organismo. Entonces amenaza el caso extremo en el que la Iglesia como organismo completo podría dejar de ser Iglesia. Si no se presenta es solo porque Jesucristo, el Señor que vive, no puede morir, y porque de él procede la facultad de resucitar. En sí y por sí la Iglesia podría corromperse por completo. [24]

Cuando la Iglesia se corrompe, cuando la comunidad pierde su dinamismo y su vitalidad que solo vienen de Jesucristo, entonces se convierte en pseudoiglesia, una iglesia muerta. Con energía y voz profética, Dice Barth:

---

21. *Ibíd.*
22. *Ibíd.*, p. 201.
23. *Ibíd.* Énfasis original.
24. *Ibíd.*, p. 202.

Si hay algo que deba separarse como el fuego y el agua, es la comunidad viva y la comunidad muerta, la Iglesia y la pseudoiglesia. El servicio de la predicación y de la cura de almas –¡pero sobre el terreno del reconocimiento de la verdad y dando beligerancia a la protesta!–, será ciertamente no solo posible, sino necesario y urgente; la unidad, sin embargo, será sencillamente imposible, por cuanto de la apariencia no puede nacer un nuevo ser, ni de la muerte una nueva vida.[25]

¿Cómo superar la posibilidad de la amenaza y, en caso extremo, de la desaparición de la Iglesia? Barth propone, como último tema, la "renovación de la Iglesia". La primera afirmación es que "la conservación de la Iglesia –y, por lo mismo, su renovación y reforma– solo puede llegarle de su Señor que vive".[26] Conservación y renovación no son las únicas realidades que pueden venir solo de Jesucristo. También viene de Él la esperanza. Porque "es Jesucristo, el que no está expuesto a la amenaza ni necesita de renovación, el Señor, la esperanza de la Iglesia".[27] El llamado "orden de la Iglesia" debe ofrecer la menor resistencia a la renovación de la Iglesia. Citando las famosas "cuatro notas de la Iglesia" –una, santa, universal y apostólica–, Barth afirma que ella "existe en la *comunidad visible* congregada por la palabra de Dios, consolada y exhortada por la palabra de Dios, y que sirve a la palabra de Dios en el mundo. Eso es lo que, ante todo, ha de expresar el orden de la Iglesia".[28] El orden, entonces, debe estar al servicio de la palabra de Dios, cuya proclamación es tarea y misión de la Iglesia.

---

25. *Ibíd.*, p. 203.
26. *Ibíd.*, 205.
27. *Ibíd*
28. *Ibíd.*, p. 206.

La referencia de Barth al orden de la Iglesia le conduce a una reflexión sobre la cuestión del gobierno de la Iglesia. En este sentido, se pronuncia en contra de varias formas. Critica lo que llama "concepto falso de democracia", por la que un grupo de individuos se reúnen por su propio arbitrio para formar una comunidad. Tampoco se pronuncia a favor de lo representativo y, menos aún, de alguna dignidad de obispo o de jerarquía de obispos o de la cima de esa jerarquía. ¿Por qué Barth se opone a estas estructuras gubernamentales? Porque se trata de interpolaciones que "solo pueden estorbar, y en modo alguno favorecer el libre curso de la palabra y del Espíritu de Dios. Jesucristo, el Señor viviente, tiene que actuar directamente sobre su comunidad viva, no de un modo indirecto ni mediante un sistema de representación ordenado de esta o aquella manera, ni por el camino de una serie de instancias ideadas por el hombre".[29] Dentro de este contexto, el autor también se manifiesta en contra de una jerarquización de los miembros de la Iglesia que se define a partir de las nomenclaturas de "eclesiásticos" y "seglares" (laicos). Todos los miembros son iguales en importancia y no hay superioridad del párroco sobre otros presbíteros ni el campanero está por debajo del profesor de teología. Tampoco hay, para Barth, una diferencia entre "Iglesia docente" e "Iglesia discente", "porque no se da ningún miembro de la Iglesia que no sea todo eso en su propio puesto".[30]

Una última referencia que merece ser citada es la que Barth hace sobre la cuestión de la iglesia local e Iglesia universal. Dice que las comunidades locales no pueden ser la única forma de la Iglesia una,

---

29. *Ibíd.*, pp. 206-207.
30. *Ibíd.*, p. 209.

santa, universal y apostólica. Insta, entonces, a unas relaciones entre las distintas comunidades eclesiales entre sí. De manera específica critica a la Iglesia de Roma en los siguientes términos: "Si la comunidad de Roma no hubiese querido dominar sino servir, en lugar de subrayar su dominio hasta la exageración, de alzar un trono en su centro y exaltar a su ocupante hasta juez infalible de la fe y de la vida de todas las comunidades, todas sin excepción habrían podido ser romanas".[31] Finalmente, Barth arremete contra toda forma de organización que impida la reforma de la iglesia y dice:

"Contra las organizaciones papales, episcopales y sinodales de presbíteros se alza una objeción fundamental: la de que no solo no ayudan sino que impiden la disposición, sinceridad y libertad de la comunidad frente a la palabra de Dios y, en consecuencia, impiden la reforma de la Iglesia".[32]

2. Comunidad cristiana y comunidad civil

Esta obra representa lo que podríamos denominar "ética social de la Iglesia". Barth intenta definir los roles de la comunidad cristiana y de la comunidad civil, indicando cuáles son sus objetivos específicos, sus relaciones y, sobre todo, sus distinciones. La obra es considerada

---

31. Ibíd. Para un análisis más actual del tema de la unidad de la Iglesia y del rol que debería ocupar el obispo de Roma en la materialización concreta de esa unidad, véase el agudo trabajo de Wolfhart Pannenberg "Unidad de la iglesia como realidad de la fe y como meta ecuménica" en *Ética y eclesiología*, trad. Víctor Martínez de Lapera, Sígueme, Salamanca, 1986, pp. 125-135.

32. Ibíd., p. 212. Un análisis profundo de las relaciones entre la comunidad y la trinidad es el artículo de Peter G. Bolt, "The interruption of grace and the formation of a Christian community: Soundings in Barth's earliest exegetical writings" en Michael P. Jensen, *The Church of the Triune God*, Aquila Press, Sydney, 2013, pp. 87-105. Peter G. Bolt es titular de la cátedra de Nuevo Testamento y griego en el Moore Theological College, de Sydney, institución que hemos visitado en octubre de 2016.

como una ampliación de las Tesis de Barmen, ciudad alemana donde la "Iglesia confesante", bajo el liderazgo —entre otros— de Barth, fijó la posición enérgicamente opuesta a Hitler.

Barth comienza con una definición: "Entendemos por 'comunidad cristiana' lo que se designa de otro modo como '*Iglesia*', y por 'comunidad civil' lo que de otro modo se designa como '*Estado*'".[33] Aclara que el uso de la palabra "comunidad" para ambas realidades muestra que no son meras instituciones sino hombres. Ampliando la definición de Iglesia, dice:

> La "*comunidad cristiana*" (Iglesia) es la entidad colectiva de los hombres de una localidad, de una región, de un país que como "cristianos" están en particular llamados aparte de los demás y reunidos por el conocimiento y para la confesión de Jesucristo. El objeto, el sentido y fin de esta "asamblea" (ecclesia) es la vida común de esos hombres en un espíritu, el Espíritu Santo, es decir, en la obediencia a la palabra única de Dios en Jesucristo...[34]

Por su parte, el Estado es definido así:

> La "*comunidad civil*" (Estado) es la entidad colectiva de todos los hombres de una localidad, región o país, en cuanto que están juntos bajo un ordenamiento jurídico igualmente válido y obligatorio para todos y cada uno, amparado e impuesto por la fuerza.[35]

---

33. *Comunidad cristiana y comunidad* civil, p. 81. Énfasis original.
34. *Ibíd.*, p. 82. Énfasis original.
35. *Ibíd.*, pp. 82-83.

Notamos las coincidencias y los contrastes: ambas comunidades tienen de similar el hecho de que están constituidas por hombres en una localidad, región o país, pero las diferencias son notorias, ya que mientras la comunidad cristiana está constituida por cristianos que son "llamados aparte" (ek-klesia) y son reunidos para confesar a Jesucristo y, por obra del Espíritu, obedecer a Jesucristo, la comunidad civil abarca a todos los hombres y están bajo un ordenamiento jurídico que es igual para todos. Un contraste final es que mientras en la comunidad cristiana no hay coacción, la comunidad civil se impone por la fuerza.

Barth afirma que la comunidad civil, desde el punto de vista espiritual, es "ciega e ignorante".[36] La comunidad civil no tiene fe, ni esperanza, ni amor. Pero aunque las distinciones entre Estado e Iglesia sean tan importantes, en la práctica existe influencia entre ellas. Barth dice, citando la quinta tesis de Barmen (1934), que todo lo que agobia al Estado afecta de algún modo a la Iglesia. No se pueden separar a cristianos y no cristianos, a verdaderos cristianos de pseudocristianos. Como ejemplo, recuerda el caso de Judas que era uno de los discípulos.

Existen ciertas influencias políticas en la conformación misma de la Iglesia y ello se puede evidenciar en dos hechos: que la Iglesia haya tomado su nombre y concepto (*ecclesia*) como préstamo del campo político y el hecho de que la comunidad cristiana actúa en un marco jurídico determinado, que obliga a sus miembros. Lo que resulta claro en Barth es el carácter político de la Iglesia. Dice: "Tampoco en este sentido la existencia de la comunidad cristiana es apolítica, sino

---
36. *Ibíd.*, p. 84.

política".[37] Citando Romanos 13:3 y 1ª Pedro 2:14, Barth reivindica el papel del Estado en su responsabilidad de castigar a los malos y recompensar a los buenos. El Estado es "una *disposición divina* (*ordinatio*, institución, fundación), una *exusía* que se da y tiene eficacia no *sin* sino *por* la voluntad de Dios (Ro. 13:1b)".[38]

¿Cómo se relaciona el Estado y la Iglesia con la soberanía de Jesucristo? Por no ser una comunidad religiosa, ¿el Estado tiene una total autonomía con respecto a Jesucristo? La respuesta de Barth es clara e importante: "No tiene, por lo tanto, una existencia abstraída del reino de Jesucristo, con bases y repercusiones autónomas, sino que es —fuera de la Iglesia, pero no fuera del círculo de soberanía de Jesucristo— un exponente del reino suyo".[39] No siempre el Estado cumple con la función establecida por Dios. En ese caso adopta el aspecto y el carácter de Pilato, pero aún en ese caso, dice Barth, "actúa en el poder que le ha sido dado por Dios (Jn. 19:11)".[40]

El hecho de que la Iglesia no puede ser apolítica o neutral frente al Estado no la convierte en sí misma en entidad política que asuma el rol que corresponde al Estado. "La Iglesia tiene que *seguir siendo Iglesia*. Tiene que conformarse con su existencia como círculo *interior* del reino de Cristo. La comunidad cristiana tiene una tarea de la que no le puede aliviar la comunidad civil y a la que, por su parte, nunca puede dedicarse en la forma en que la comunidad civil se dedica a la suya".[41] Cumpliendo con su tarea específica de creer y predicar a

---
37. *Ibíd.*, p. 88.
38. *Ibíd.*, p. 90.
39. *Ibíd.*, p. 91.
40. *Ibíd.*, p. 92.
41. *Ibíd.*, p. 93.

Jesucristo, la Iglesia también participa en la tarea de la comunidad civil. Una aclaración importante se relaciona con el hecho de que la Iglesia no tiene que elaborar una teoría del Estado ni defender cierta "teoría cristiana" del Estado. Tampoco la Iglesia debe actuar en el terreno político a favor de sí misma, buscando sus propios intereses y promociones. Barth, que militó en el socialismo, insta a que la Iglesia participe a favor de la justicia social. Señala que "la comunidad cristiana existe como tal en el terreno político y, por tanto, tiene necesariamente que aplicar y luchar por la justicia social".[42] En lo que se refiere a la vida interna de la comunidad cristiana, ella debe caracterizarse por el servicio y no por el dominio. Cuando sucede lo contrario, estamos en presencia de patologías en la comunidad de fe.

En un meduloso trabajo interpretativo de este texto de Barth, David A. Roldán no duda en definirla como "una obra maestra a la hora de conceptuar y evaluar las relaciones entre Iglesia y Estado".[43] Agrega que si bien Barth reconoce la autonomía de cada esfera (la Iglesia y el Estado), no resuelve el problema de cómo debe actuar la Iglesia cuando el Estado toma una actitud opuesta a ella y su mensaje. En ese caso, dice el autor:

> Llegamos así a uno de los aportes más importantes de Barth en esta materia. Cuando el Estado atenta contra la libertad de la predicación del evangelio, la iglesia debe, en primer término, dejar de participar en este accionar (actitud pasiva). Pero además, deberá denunciar públicamente (cf. Las famosas tesis de Barmen) al Estado cuando este obrare de tal

---
42. *Ibíd.*, p. 115.
43. David A. Roldán, "Circularidad hermenéutica: poder político y poder religioso" en *La dimensión política del Reino de Dios*, Buenos Aires: Teología y Cultura Ediciones, 2014, p. 55.

modo. Pero eso no significa que tal actitud de denuncia sea "contraria al Estado", sino precisamente en ello consiste el aporte de la Iglesia para con el Estado.[44]

El último tema que enfoca Barth es el de la formación y actuación de un "partido cristiano". Al respecto se manifiesta claramente en contra, mencionando varios casos históricos. Indica que los partidos políticos son fenómenos enfermizos y hasta secundarios. Formula, entonces, algunos cuestionamientos a la posibilidad de establecer "partidos cristianos". Entre otras, se pregunta si la comunidad cristiana está realmente bien aconsejada cuando, para cumplir su responsabilidad dentro de la comunidad civil crea una nueva estructura. Se pregunta si es posible encontrar otro "partido" distinto al de la misma comunidad cristiana. Y agrega otras cuestiones que merecen ser citadas: "¿Cómo debe ser un partido cristiano especial al lado de otros? ¿Un partido al que luego unos cristianos pertenecen y otros no, un partido al que se oponen otros partidos no-cristianos (y en su no-cristianismo reconocidos teórica y prácticamente como legítimos por el partido cristiano)?".[45] Y concluye enfáticamente: "Representada por un partido cristiano, la comunidad cristiana no puede ser para la comunidad civil la sal política que ella necesita".[46] Poniendo en práctica aquello que ya afirmó –"la Iglesia debe seguir siendo Iglesia"– insiste en que la comunidad cristiana ya tiene una tarea insustituible: "la predicación de todo el evangelio por la gracia de Dios, la cual como tal es la justificación total del hombre total –también del hombre político–

---

44. *Ibid.*, pp. 57-58.
45. *Ibíd.*, p. 130.
46. *Ibíd., p. 132.*

".[47] A manera de invitación al compromiso, dice Barth: "¡Proporcione la comunidad cristiana a la comunidad civil esos cristianos, esos ciudadanos, esos hombres políticos en el sentido primario! En su existencia se hará realidad entonces su responsabilidad política compartida también de la forma más directa".[48]

3. Reino de Dios y responsabilidad política

El tema del Reino de Dios aparece recurrentemente en los textos barthianos y por su importancia merecería un tratamiento pormenorizado que no encaramos aquí. No obstante, es importante destacar lo que señala Mark Galli en el sentido de que el Reino de Dios "es un tema favorito de los socialistas religiosos –Barth se dio cuenta de que la Biblia está hablando acerca de una idea radicalmente trascendente".[49] Galli distingue las diversas comprensiones del Reino de Dios: algunos cristianos socialistas creyeron que el Reino de Dios sería un programa político progresivo que aliviaría el sufrimiento humano y promovería la igualdad. Otros lo concibieron como un cumplimiento del Sermón del Monte, una especie de contracultura en el mundo. "Barth partía de la creencia de que no era así, que el Reino de Dios no es un progreso político o ético dentro del viejo mundo, o aún un rebelde y contracultural testigo dentro de él, sino un mundo totalmente nuevo".[50]

Hecha esta aclaración, ahora nos referimos a los diálogos que

---

47. *Ibíd.*, p. 133.
48. *Ibíd.*, p. 138.
49. Mark Galli, Karl Barth. *An Introductory Biography for Evangelicals*, Eerdmans, Grand Rapids, 2017, p. 36.
50. *Ibíd.*

Barth mantiene con colegas donde se explaya sobre el tema del Reino de Dios en vinculación con la cuestión política. Esos diálogos se reproducen en una obra de reciente publicación en inglés.[51] El primero de ellos se realizó el 3 de junio de 1959 en Zofingia. Los asistentes le formulan varias preguntas, entre otras, ¿cuáles son el rol y los deberes del cristiano como ciudadano político? Y, ¿hay una diferencia entre la posición de la iglesia hacia los nazis y hacia el comunismo? Barth responde con amplitud, formulando diez tesis de las cuales extraemos las siguientes:

1. El cristiano es testigo del Reino de Dios (=basileia) que ha venido en Jesucristo y todavía será revelado en él.[52]

3. El cristiano vive en cada tiempo y situación particulares también como ciudadano de un estado en sus formas diferentes y cambiantes[53]. Amplía Barth:

> No hay cristianismo fuera del tiempo y del espacio. La vida cristiana tiene una determinación concreta. Sin embargo, él no puede reducirse a su existencia política. Él vive, también, aquí, como ciudadano y como testigo de la existencia del Reino de Dios. Uno no podría hablar del Estado en forma abstracta. El cristiano siempre vive en una de las diferentes formas que adopta el Estado, y siempre en relación a su propio Estado.[54]

4. El cristiano no debe confundir el Estado, en cualquiera de sus

---

51. Karl Barth, Barth in *Conversation*, vol. I, 1959-1962, Eberhard Busch (editor), trad. Center for Barth Studies Princeton Theological Seminary, Westminster John Knox Press, Louisville, 2017.
52. *Ibíd.*, p. 3. Cursivas originales.
53. *Ibíd.*, Cursivas originales.
54. *Ibíd.*

*formas, con el Reino de Dios.*⁵⁵ Amplía Barth:

> El Reino de Dios es "absolutamente" superior a toda forma de Estado. Ningún Estado es idéntico al Reino de Dios. No hay un *Divus Caesar*, y no hay *Civitas Dei* (Agustín). No hay un Estado cristiano. No hay Estado [demanda] de fidelidad y obediencia incondicionales que no sea el Reino de Dios. El Reino de Dios es solamente real en su cumplimiento en Jesucristo. ⁵⁶

*9. El cristiano decide acerca de la forma de Estado que prefiere tanto como acerca de la forma de su sostenimiento, con una nueva y libre orientación hacia el Reino de Dios en cada tiempo y situación particulares.*⁵⁷

10. El cristiano siempre está obligado a asumir una instancia política particular y una acción que se corresponda con su reflexión sobre el Reino de Dios. Esto nunca es un asunto indeterminado o alguna clase de buena intención general. En cada caso concreto, el cristiano tiene este sentido de elección, pero más bien solo una posibilidad: la instancia que él ha sido mandado a asumir. Debe ponerse de pie para esa actitud resueltamente.⁵⁸

En la Conferencia de la Federación Mundial de Estudiantes Cristianos celebrada en Estrasburgo el 19 de julio de 1960, Barth responde otras preguntas referidas al Reino de Dios y la Iglesia, particularmente al Reino, la misión de la Iglesia y la política. Allí,

---

55. *Ibíd*. Cursivas originales.
56. *Ibíd*., pp. 3 y 4. Cursivas originales.
57. *Ibíd*., p. 4.
58. *Ibíd*., p. 5. Cursivas originales.

define el Reino de Dios de un modo claro y contundente: "El Reino de Dios es una realidad actual y dinámica. El Reino de Dios significa la soberanía de Dios, el reclamo de Dios y la acción de Dios".[59] Sobre la misión de la Iglesia, afirma: "La misión de la Iglesia es la tarea de reflejar, como en un espejo, el Reino de Dios, la obra de Cristo y del Espíritu Santo. ¡*Reflejar, no hacerlo*! También podríamos decir que la tarea de la Iglesia, su misión, es proclamar el Reino o, para usar el término bíblico, "ser testigo de él".[60] Ante una pregunta sobre si hay una base cristiana para la acción política, Barth responde:

> ¿Qué se quiere decir por el término "acción política"? Yo comprendo que la acción política significa cooperación responsable dentro del ámbito de la administración de lo humano (humano, no divino) de la libertad, la justicia humana, el orden humano, la paz humana. [...] Ahora bien, ¿hay una base para tal acción política? Mi respuesta viene por este camino: hoy como siempre, Dios es Señor, no solo dentro del ámbito, como se dice, dentro de las paredes de la Iglesia, sino también fuera de la así llamada esfera religiosa de la vida. Dios es Señor de todo el mundo, y si somos llamados a la administración política es algo que no puede ser llevado a cabo de modo independiente a su voluntad e intención. La participación en la administración política puede y debe ser una forma de lo que nosotros llamamos servicio cristiano en el mundo.[61]

De estos diálogos de Barth con colegas y estudiantes se pueden extraer importantes conclusiones sobre la naturaleza del Reino de Dios y la participación cristiana en el ámbito de la política. En

---

59. *Ibíd.*, p. 68.
60. *Ibíd.*, p. 69. Cursivas originales.
61. *Ibíd.*, p. 70.

primer lugar, Barth distingue cuidadosamente la Iglesia del Reino. Ella no es el Reino mismo sino simplemente testigo de ese Reino, anunciadora del Reino. El Reino es la reconciliación del mundo con Dios, es el gobierno soberano de Dios sobre todas las esferas de la realidad. El carácter del Reino de Dios es absolutamente superior a todo lo que acontece dentro del Estado y ningún Estado puede identificarse con el Reino de Dios ya que no hay un "César divino" ni una Ciudad de Dios como la pensó San Agustín. Por lo tanto, tampoco hay Estado cristiano o, podríamos agregar: "naciones cristianas". Para Barth, finalmente, la acción política de los cristianos es irrenunciable pero siempre tomando en cuenta que Dios es Señor de todas las realidades y que la acción cristiana debe concretarse más allá de las paredes de la Iglesia o de la así llamada "esfera de la vida religiosa". Por el contrario, se trata de participar activamente en el mundo, respondiendo a un llamado a participar en la administración de un ámbito totalmente humano, no divino, sino de libertad, justicia, orden y paz humanas. La lectura de estos diálogos ofrece definiciones claras y contundentes para un tema crucial en el presente de la vida de las iglesias en América Latina y su participación, muchas veces temeraria y equívoca, en la arena política con todas sus limitaciones y contradicciones.

Finalmente, casi como una nota al pie, es oportuno tomar en cuenta que el orden en la sociedad es también una preocupación por parte de Barth. Se trata de un concepto muy en línea con la paz, entendida como *Shalom*. En su aguda reflexión sobre el tema, José Míguez Bonino coloca a la justicia como el prerrequisito para la paz y el orden en la sociedad. Dice que ese concepto hebraico de *Shalom* incluye las relaciones de orden y estabilidad a las cuales –siguiendo a Barth— denomina "constantes" o "regularidades". Y agrega: "En las palabras de Isaías", 'la paz es el fruto de la justicia', el orden está al servicio de la libertad. Este es el orden bíblico de prioridades. Estas son las regularidades, y deben ser respetadas y aseguradas. Sin embargo, decimos otra vez con Barth, la primera preocupación es la corrección de estas [sic] 'regularidades'. "La justicia es el fundamento del orden".[62]

Conclusiones

A manera de evaluación final corresponde indicar someramente los aportes que consideramos más importantes de Barth a la comprensión de la Iglesia, a su lugar dentro de la comunidad civil y a la responsabilidad cristiana a partir del paradigma del Reino de Dios.

En primer lugar, en su ensayo "Comunidad viva de Jesucristo, el Señor que vive", Barth destaca el carácter cristocéntrico de la Iglesia. Sin Cristo no hay Iglesia. Su creación y su preservación, como así también su renovación, dependen pura y exclusivamente del Señor de la Iglesia: Jesucristo.

En segundo lugar, el énfasis de Barth al definir el "ser" de la Iglesia está en el acontecimiento, en el suceso, en la reunión concreta que se produce a partir de la llamada de Jesucristo. Más

---

62. José Míguez Bonino, *Militancia política y ética cristiana*, trad. Carlos A. Sintado, Ediciones La Aurora, Buenos Aires, 2013, p. 131. El texto original en inglés dice: "the first concern is for 'the correctness of these regularities." *Toward a Christian Political Ethics*, Fortress Press, Filadelfia, 1983, p. 86. La cita de Barth corresponde a *Church Dogmatics*, II/2, trad. G. W. Bromiley, Edimburgo, T & T Clark, 1957, p. 513.

que institución y más que un hecho ya concreto y definido, la Iglesia es una realidad *dinámica*, algo que acontece cuando en la historia concreta hombres y mujeres como "unos y otros" se reúnen en nombre de Jesucristo.

En tercer lugar, es precisamente ese carácter de realidad dinámica que conduce a Barth a una opción clara: privilegiar el nombre de "comunidad" por encima de "Iglesia" para denominar esta realidad. Aquí, entonces, es insoslayable preguntarse: ¿Qué sucede cuando una expresión eclesial determinada ha perdido su dinamismo y también su carácter de comunidad viva? ¿Hasta qué punto podemos decir que sigue siendo "comunidad de Jesucristo"? Tal vez, al menos en base a la exposición de Barth, la respuesta de él mismo sería negativa. La comunidad que no vive como tal, se convierte en pseudo-iglesia, ha perdido su dinamismo, ha perdido su rumbo, ha dejado de ser testimonio del Cristo resucitado.

En cuarto lugar, y uno de los aportes más importantes de su exposición, tiene que ver con el carácter humano de la Iglesia. Para Barth la Iglesia es una realidad bajo amenaza, tanto de dentro de ella como de fuera de ella. Aquí, Barth nos llama a ser realistas. A no idealizar a la Iglesia sino a considerarla como es: un cuerpo constituido por hombres y mujeres de carne y hueso, frágiles, endebles, pecadores. Potencialmente la Iglesia puede equivocarse, caer en herejía, negar la fe, fracasar. Si eso no acontece es pura y exclusivamente por la gracia de Dios y la obra del Espíritu Santo en ella.

Precisamente ese último concepto nos conduce a la quinta

observación: la Iglesia necesita renovación. Y esa renovación, que debe ser constante *(Iglesia reformada siempre reformándose)* solo puede venir de la fuerza y energía del Espíritu de Dios. Claro que en este contexto de su exposición, no queda muy claro por qué Barth critica tan abierta y totalmente a las formas de gobierno de las iglesias. Podemos estar de acuerdo –y ciertamente lo estamos– en su crítica a toda forma de jerarquías dentro de la Iglesia de Cristo. Pero el gobierno, las estructuras gubernamentales de las iglesias, no pueden ser evitadas. Aquí se presenta otra vez el eterno problema –que en Brunner se torna más agudo– de reconocer, por un lado, el dinamismo propio de la Iglesia como suceso, acontecimiento, "carisma". Y, por otro lado, la insoslayable estructuración o institucionalización de la Iglesia.

En sexto lugar, y ya refiriéndonos a la segunda obra estudiada, Barth hace una buena exposición que intenta distinguir entre dos realidades: comunidad cristiana y comunidad civil. Su presentación es irreprochable al señalar con claridad que ambas comunidades tienen funciones diferentes pero que, en última instancia, deben responder al señorío de Jesucristo.

En séptimo lugar, nos parece importante su advertencia a no caer en misticismos ni en idealismos en el sentido de no reconocer que la Iglesia, de alguna manera, es una realidad política. No hay tal cosa como "iglesia apolítica". La Iglesia tiene, necesariamente, una función política dentro de la comunidad civil. Pero, al mismo tiempo, ella está llamada por Jesucristo a cumplir un rol específico dentro de la sociedad: proclamar el evangelio. En ese sentido, una vez más es necesario repetir su axioma tan claro como contundente: "La Iglesia tiene que seguir siendo Iglesia". Muchos problemas en la historia de las relaciones entre Iglesia y Estado se hubieran evitado si ese principio hubiera sido respetado.

En octavo lugar, la opción de Barth es clara a favor de la "justicia social". La Iglesia debe cumplir una función profética dentro de la sociedad y pronunciarse a favor de la justicia social. Este llamado de Barth cobra actualidad hoy en un mundo caracterizado por la globalización y la economía de mercado que privilegia el control fiscal, el pago de la deuda externa, el "hacer bien los deberes" con el Fondo Monetario Internacional y el Banco Mundial (blindajes incluidos) en detrimento de las condiciones sociales de personas y familias en nuestros países emergentes que se tornan, inevitablemente, en países "en estado de emergencia". El desafío de Barth a insertarse en la comunidad civil, en el mundo de la política, con el mensaje integral y desafiante del Evangelio total, es la nota más destacada de todo su rico pensamiento sobre el tema.

En noveno lugar, un aspecto crítico de su exposición tiene que ver con el hecho de que, aunque su obra se titula *Comunidad cristiana y comunidad civil*, todo el énfasis de la obra recae sobre la primera. Casi podríamos decir que su tratamiento del tema es, más bien, el rol de la comunidad cristiana dentro de la comunidad civil, aunque admitamos que define adecuadamente al Estado y su papel dentro del plan de Dios.

En décimo lugar, tanto en la primera obra como en la segunda, Barth pone de manifiesto su claridad de pensamiento, su agudeza y su realismo. Este último queda en evidencia tanto cuando habla de la "amenaza de la Iglesia" como cuando nos invita a no hacernos falsas ilusiones en el sentido de identificar al Estado como Reino de Dios. Toda realidad, tanto eclesial como estatal, llevan las marcas de lo provisorio, de lo transitorio, a la espera de la ciudad de Dios, la *polis* en la cual Dios sea todo en todos.

En último lugar, a partir de los diálogos mantenidos por Barth en diferentes encuentros en Europa, se ha podido comprobar la claridad e *insight* del teólogo reformado a la hora de ser interrogado sobre el Reino de Dios y la responsabilidad política de los cristianos. Barth nos llama a distinguir las esferas de la realidad: la Iglesia, la sociedad y el Reino de Dios. Advierte sobre el peligro de confundir o identificar tanto el Reino de Dios con la Iglesia como el Reino de Dios y el Estado. No hay modelo de Estado que pueda servir como ecuación con el Reino de Dios. Todas las esferas de la realidad deben responder al gobierno y la soberanía de Dios. Barth nos insta a participar decididamente en la esfera política pero siempre teniendo bien en cuenta que se trata de la administración de gobierno, libertad, justicia, orden y paz eminentemente humanas mientras aguardamos la venida del Reino de Dios en su plenitud. Lo expuesto en este capítulo nos conduce a una reflexión sobre el posicionamiento de Barth hacia el nazismo, tema del próximo capítulo.

Capítulo 5

La crítica de Karl Barth al nazismo

> *La comunidad cristiana existe como tal en el terreno político y, por tanto, tiene necesariamente que aplicar y luchar por la justicia social.*
>
> Karl Barth[1]

La ausencia de las implicaciones sociopolíticas de la justicia en el comentario de Barth a Romanos contrasta con su praxis en ese terreno. En efecto, hay muchos otros textos[2] que producirá el teólogo reformado suizo en los que abordará en forma directa, sostenida y valiente, las dimensiones sociales y políticas de esa justicia de Dios corporizada en Jesucristo. Y no sólo enfocará esos

---

1. Karl Barth, *Comunidad cristiana y comunidad* civil, p. 115.
2. Manuel Gesteira Garza reconoce que ya en *Esbozo de Dogmática* de 1927 (cuya primera edición en castellano la publicó editorial La Aurora en Buenos Aires en 1954 bajo el título *Bosquejo de dogmática* y la segunda la publicó Sal Terrae en Santander en 2000 bajo el título *Esbozo de Dogmática*, trad. José Pedro Tosaus Abadía) está el punto de partida para la posterior *Kirchliche Dogmatik*, a saber: que entre "la encarnación y la revelación de Dios en Cristo, ya no quedan tangentes a la historia sino que entran en ella, aunque esto solo acaezca en la *historia primordial de Cristo*, donde la revelación *deviene* acontecimiento histórico" (Manuel Gesteira Garza, "Karl Barth, un profeta del siglo XX", prólogo a Karl Barth, *Carta a los Romanos*, pp. 20-21, cursivas originales). La sección de la *Kirchliche Dogmatik* donde Barth desarrolla sistemáticamente el tema de la justificación por la fe es el vol. IV, tomo 1, § 61.

temas desde una teoría determinada –siempre importante– sino que unirá a la misma una toma de posición frente a autoritarismos y totalitarismos como el nazismo. Antes de analizar los textos clave del posicionamiento de Barth contra del nazismo, es oportuno tomar en cuenta lo que señala Georges Casalis[3] en el sentido de que una de sus primeras obras fechada en Marburgo en 1907 se titula *La teología moderna y el Reino de Dios*, en la cual indica los puntos de acuerdo y de ruptura entre la teología antes de la guerra y las nuevas perspectivas que se asomaban en el horizonte. Hay dos momentos en la historia de Europa que producen cambios profundos en la teología y la praxis de Barth: una es la Primera Guerra Mundial que, como hemos visto, motiva su decisivo comentario a la carta a los Romanos; la segunda es el surgimiento del nazismo. Es a partir de este segundo hecho que Barth elabora lo que podemos denominar, como en el caso ya estudiado de Calvino, la ética sociopolítica barthiana. Esta ética se va a plasmar especialmente en dos textos: la *Confesión de Barmen* y –a modo de ampliación de la misma– *Comunidad cristiana y comunidad civil*, un tratado más sistemático sobre el mismo tema. Pero antes de analizar con cierta profundidad esas fuentes, resulta importante situarnos en el contexto histórico, social y político previo. Mark Galli puntualiza que a partir de 1930 Barth repiensa su posicionamiento hacia el Nacional Socialismo y sus peligros, haciéndose eco de sus propias palabras: "Yo estaba errado en ese tiempo al no percibir el peligro del Nacional Socialismo... Sus ideas y métodos y sus modelos de conducción me parecían muy absurdos. Yo pensé que el pueblo germano era muy sensible a caer preso de esa posibilidad".[4]

---

3. Georges Casalis, *Retrato de Karl Barth*, p. 89.
4. Mark Galli, Karl Barth. *An Introductory Biography for Evangelicals*, Eerdmans, Grand Rapids, 2017, p. 72. La Fuente de la cual Galli extrae ese texto de Barth es McCormack, *Karl Barths' Critically Realistic Dialectical Theology*, location 4705.

La crítica de Karl Barth al nazismo

Como señala Daniel Cornu en su incisivo análisis *Karl Barth et la politique*,[5] el año 1933 marca el comienzo de lo que será la lucha de la Iglesia confesante frente a las tendencias hegemónicas del régimen nazi. La Alemania anterior a Hitler intentó durante catorce años ser una verdadera democracia, pero la República de Weimar se extinguió en medio de un clima de intrigas y conspiraciones. El 30 de enero de 1933, el presidente Hindenburg le confió a Hitler la cancillería del Reich. De ese modo, los nacionalsocialistas subían al poder. El 28 de febrero, Hitler obtuvo del presidente un decreto destinado "a proteger al pueblo y al Estado". La importancia del decreto radica en que suspendía siete secciones de la Constitución de Weimar que aseguraba la libertad de opinión, de reunión y de empresa. Gradualmente, Hitler fue sumando más poder, con lo cual los eventos eclesiásticos se precipitaron. Describe Cornu:

> Mientras los "cristianos alemanes" buscan crear una Iglesia del Reich que sea nacionalsocialista proclamando una "revolución" al interior de la Iglesia, el canciller nombra –el 25 de abril de 1933– al pastor Ludwig Müller, su amigo y capellán militar en Königsberg, para el cargo de consejero, dotado de plenos poderes para los asuntos relativos a la Iglesia Evangélica. Y, para evitar una "revolución" eclesiástica proyectada por los "cristianos alemanes" (que pueden provocar una reacción muy fuerte en el seno de la Iglesia), él la desaprobaba, adoptando por su cuenta el principio de una *Reichskirche* [Iglesia del Reich].[6]

La primera reacción de Barth a esta estrategia se expresa en su

---

5. Daniel Cornu, *Karl Barth et la politique*, Labor et Fides, Ginebra, 1968. En su versión en portugués, la misma obra se titula *Karl Barth, teólogo da liberdade*, editora Paz e Terra, Rio de Janeiro, 1971, de la cual citamos aquí.

6. *Ibíd.*, p. 21

manifiesto *La existencia teológica hoy*, escrita en la madrugada de los días 24 y 25 de junio. Se expresa como teólogo "de cara a una cuestión eclesiástica e, indirectamente, de una cuestión política".[7]

El 4 de enero de 1934 la situación se agudizó, ya que Ludwig Müller promulgó un decreto por el cual "toda participación de un pastor en la política de la Iglesia será considerada como una infracción a la disciplina eclesiástica y la falta implicará la suspensión inmediata en sus funciones".[8] Este es el contexto en que surge la *Confesión de Barmen*, en que la Iglesia confesante –opuesta al Führer– se pronunció. El encuentro se produjo el 31 de mayo de 1934 en la ciudad de Barmen y fue preparada por los teólogos Breit, Asmussen y el propio Barth. Este último fue el responsable del texto final.[9] En su parte esencial, esta confesión expresa:

> Haciendo frente a los errores de los Cristianos alemanes y del gobierno de la Iglesia del Reich que causan estragos en la Iglesia y despedazan la unidad de la Iglesia evangélica alemana, confesamos las verdades evangélicas siguientes: 1. *Yo soy el camino, la verdad y la vida y nadie viene al Padre sino por mí* (Juan 14:16). *De cierto de cierto os digo: el que no entra por la puerta en el redil de las ovejas, sino que sube por otra parte, ése es ladrón y salteador. Yo soy la puerta, el que por mí entrare, será salvo* (Juan 10:1 y 9). Jesucristo, según el testimonio de la sagrada Escritura, es la única Palabra de Dios. Debemos de escucharla a ella sola, a ella sola debemos confianza y obediencia, en la vida y en la muerte.[10]

---

7. *Theologische Existenz heute!*, p. 3, cit. por Cornu, *ibíd.*, p. 24.
8. Cornu, p. 39.
9. Existen unas referencias algo humorísticas que dan cuenta de que mientras otros hacían la siesta, la Iglesia reformada estaba despierta redactando esta confesión y que, mientras escribía, Barth estaba acompañado por una taza de café brasileño.
10. Cit. por Cornu, *Op. Cit.*, pp. 38-39. Cursivas originales.

El artículo 4 es digno de ser citado por la energía que representa: "El sacerdocio universal, igualdad fundamental de todos los cristianos delante de Dios, rechazando la aplicación a la Iglesia del *Führerprinzip*".[11] La declaración es un firme posicionamiento en contra del nazismo y de su Führer; sus pretensiones hegemónicas se rechazan enérgicamente, ya que para la Iglesia confesante hay un solo Señor y una sola palabra de Dios: Jesucristo.

No es este el lugar para analizar los acontecimientos sucedidos con posterioridad a la *Confesión de Barmen*, entre los cuales, obviamente, está su expulsión de Alemania, su regreso a Suiza, y su participación en varios cursos como los desarrollados en la Universidad de Aberdeen, Escocia, en 1937. Pero sí es oportuno tomar en cuenta los datos específicos proporcionados por Daniel Cornu, que muestran el posicionamiento claro y decidido de Barth contra el nazismo. En marzo de 1938 Austria fue absorbida por Alemania, y Viena se tornó en la capital provincial. Comenta Cornu que delante de la inconsistencia de las democracias occidentales, la voluntad de resistencia de Checoslovaquia fue muy débil. En ese contexto hay una carta personal que Karl Barth dirige al teólogo checo Joseph Horomádka, de Praga. En esa misiva, Barth se manifiesta a favor de la resistencia armada. Dice Cornu:

> Todo soldado checo, escribe Barth visualizando la eventualidad de un involucramiento militar, que entonces combatirá y sufrirá, irá a hacerlo también por nosotros. Y yo le digo hoy sin reservas, él ir a hacerlo también por la Iglesia de Jesucristo que, en la atmósfera de los Hitler y de los Mussolini, no puede sino sucumbir en el ridículo en el

---
11. *Ibíd.*, p. 40,

exterminio. Qué tiempos singulares, mi caro colega, estos en que el hombre sensato puede solamente decir una cosa: que la fe ordena que se deje resueltamente en segundo plano el miedo a la violencia o el amor a la paz, colocando en primer lugar el miedo a la injusticia y el amor a la libertad.[12]

Es claro que Barth se opone a un pacifismo que deja de lado la intervención en casos extremos para restablecer el Estado de derecho y propiciar un Estado justo. A partir de los escritos barthianos de la época, Cornu entiende que Barth "jamás aprobó la doctrina luterana según la cual la vida del Estado procedería de una ley totalmente independiente del mensaje evangélico".[13] En un escrito de 1939 Barth, con referencia al nazismo, dice resueltamente: "Esa dictadura no puede más ser comprendida como el ejercicio de un encargo confiado por Dios; no puede, pues, continuar siendo comprendida como una 'autoridad', en el sentido de Rom. 13".[14] Y en cuanto a la oración de la Iglesia en tales circunstancias, tampoco duda en afirmar que esa intercesión debe ser por la destrucción del nacionalsocialismo.[15]

Hay otra carta de Barth escrita en Basilea que también data de diciembre 1939: "Carta a mis amigos de Francia". Reproducida por la revista *Luminar* de México, en ese texto el teólogo suizo afirma:

---

12. *Ibíd.*, p. 82.
13. *Ibíd.*, p. 83.
14. Cit. en *ibíd.*, p. 87.
15. Tan inequívoco es ese posicionamiento que Barth afirma que "El enemigo de Israel es enemigo de Cristo. El antisemitismo significa el rechazo de la gracia de Dios". Cit. en *ibíd.* Para un análisis de la "filosofía social" de Barth y su gradual oposición al nazismo, véase J. Andrew Kirk, *Theology encounters Revolution*, InterVarsity Press, Downers Grove, Illinois, 1980, pp. 47-50. Kirk integró el grupo inicial de la Fraternidad Teológica Latinoamericana y fue profesor del ISEDET en Buenos Aires.

"Nuestro deber ante Europa consiste actualmente en salvaguardar el elemento de orden europeo que nos ha sido confiado, precisamente bajo la forma de la neutralidad militar".[16] También critica al luteranismo que, en la persona del teólogo Paul Althaus pareciera haber justificado la ideología nazi al utilizar la distinción entre lo público y lo privado. El propio José Míguez Bonino se hace eco de esa crítica citando a Barth:

> El pueblo alemán sufre de la herencia de un paganismo que es místico. Y sufre también de la herencia de los más grandes cristianos de Alemania, donde el error de Martín Lutero sobre la relación entre ley y evangelio, entre el orden y el poder temporal y el espiritual. Este error ha establecido, confirmado e idealizado el paganismo natural del pueblo alemán en lugar de limitarlo y contenerlo.[17]

En otro tramo de la carta, Barth se define en términos enérgicos e inequívocos hacia el nazismo encarnado en Hitler:

> En medio del pecado y la vergüenza de todos los pueblos, subsiste, por gracia de Dios, un residuo de orden y de derecho, de libre humanidad y, sobre todo, en la base de todos, un residuo de libertad para la predicación del Evangelio. Pero donde reina Hitler, se ha acabado aun con ese residuo.[18]

---

16. *Luminar*, Nro. 3, México, 1940, p. 378.
17. Karl Barth, "First Letter to the French Protestants", traducción inglesa de *A Letter to Great Britain from Switzerland*, Sheldon Press, London, 1941, pp. 36 y 37, cit. en José Míguez Bonino, *Militancia política y ética cristiana*, trad. Carlos Sintado, La Aurora, Buenos Aires, 2013, p. 34.
18. Karl Barth, "Carta a mis amigos de Francia", p. 378.

Conclusión

Desde esos textos de lucha y riesgo en los pronunciamientos de Barth contra el nazismo debemos analizar ahora el texto posterior y más sistemático de Barth: *Comunidad cristiana y comunidad civil* [19] publicado en 1946, es decir, después de la Segunda Guerra Mundial. Sin poder hacer un estudio profundo del mismo, es importante sintetizar algunos aspectos que consideramos los más relevantes:

Primero, Barth distingue claramente entre los dos órdenes al decir: "Entendemos por «comunidad cristiana» lo que se designa de otro modo como «*Iglesia*», y por «comunidad civil» lo que de otro modo se designa como «*Estado*»".[20]

Segundo, Barth también distingue entre la Iglesia y el Reino cuando dice: "La Iglesia tiene que seguir *siendo Iglesia*. Tiene que conformarse con su existencia como círculo *interior* del reino de Cristo".[21]

Tercero, aunque la Iglesia debe seguir siendo Iglesia, no hay que considerar a la comunidad cristiana como apolítica, sino política.

> Con seguridad, una cosa queda excluida: la decisión a favor de la indiferencia, de un cristianismo apolítico. La Iglesia en ningún caso

---

19. Hay dos versiones de esta obra en castellano. Una, traducida del francés y publicada en Montevideo por ULAJE. La otra, traducida del alemán, es coeditada por Ediciones Morava de Madrid y Fontanella de Barcelona, 1976. Esta versión está precedida por otro texto titulado: "Justificación y derecho". Para las siguientes citas tomamos esta última versión.
20. *Ibíd.*, p. 81. Cursivas originales.
21. *Ibíd.*, p. 93.

puede tomar una actitud indiferente, neutral, frente a la aparición de una disposición que está en una relación tan clara como su propia misión.[22]

Cuarto, que la Iglesia no pueda ser una entidad apolítica, ¿implica entonces que debe elaborar una teoría política propia y aún crear un partido político? En este sentido, Barth es categórico en su rechazo a tal posibilidad. Dice:

> La comunidad cristiana, al hacerse juntamente responsable de la comunidad civil, no tiene que defender, frente a las diversas formas y realidades políticas, ninguna teoría necesariamente específica de ella. No está en condiciones de sentar una teoría cristiana del Estado justo.[23]

Quinto, ni la Iglesia ni el Estado son el Reino de Dios. La Iglesia, dice Barth, es la que hace recordar al Reino de Dios pero esto no significa que exija al Estado que se convierta poco a poco en reino de Dios. "El reino de Dios es la soberanía universal de Jesucristo, salida de lo oculto, manifestada para honra de Dios Padre".[24] "La comunidad cristiana tampoco es el reino de Dios, pero lo conoce, espera en él, cree en él [...]".[25]

Finalmente, más allá de las mediaciones políticas, la Iglesia debe comprometerse en la lucha por la justicia social. Esta dimensión que,

---

22. *Ibíd.*, p. 92.
23. *Ibíd.*, p. 97. Cornu comenta que las luchas políticas, las alianzas y las negaciones de un partido político que se llamara "cristiano" podrían comprometer en todos los sentidos a la comunidad cristiana y su mensaje. Por lo tanto, la acción política de la comunidad cristiana no será creando un partido sino más bien mediante la predicación del Evangelio en toda su amplitud, que constituye la única justificación del hombre integral, incluyendo al hombre político. Op. Cit., p. 124.
24. *Ibíd.*, p. 107.
25. *Ibíd.*, p. 111.

como hemos visto, está casi ausente en su comentario a Romanos, adquiere en el texto que analizamos una notoria relevancia. Dice Barth:

> La comunidad cristiana existe como tal en el terreno político y, por tanto, tiene necesariamente que aplicar y luchar por la justicia social. A la hora de elegir entre las diversas posibilidades sociales (¿liberalismo social? ¿asociacionismo? ¿sindicalismo? ¿economía del libre cambio? ¿moderacionismo? ¿marxismo radical?) se decidirá por la que en cada caso (después de apartar todos los otros puntos de vista) le ofrezca una medida máxima de justicia social.[26]

Esto implica al menos tres cosas: en primer lugar, que las mediaciones sociopolíticas son indispensables; en segundo lugar, que ninguna de esas mediaciones es representación exacta del Reino de Dios; y tercero, que la Iglesia debe discernir en cada caso cuál de esas mediaciones es la que garantiza la materialización de la justicia social.

---

26. *Comunidad cristiana y comunidad civil*, p. 115. Cabe consignar que el teólogo español Miguel Benzo observa un gran abismo entre el Barth anterior al nazismo y el Barth posterior a esa tragedia. Mientras el primero, comenta Benzo, niega toda analogía entre Dios y la criatura, entre revelación y ética natural, el segundo, en este texto, extrae varias analogías entre la comunidad cristiana y la comunidad civil. A la hora de responder cuál de los dos es el que tiene razón, Benzo no duda en afirmar: "ambos exageraban sus posiciones." Miguel Benzo, *Hombre profano-Hombre sagrado. Tratado de antropología teológica*, Cristiandad, Madrid, 1978, p. 68.

Capítulo 6

La recepción de Karl Barth en América Latina

> *[...] no hay ningún pasaje de la Biblia en que Dios aparezca como el Señor y Salvador de los ricos y de su riqueza, donde los pobres sean exhortados a preservar la riqueza de los ricos mientras ellos permanecen pobres, simplemente por causa de los ricos. [...] la Biblia está del lado de los pobres. Aquel a quien la Biblia llama Dios toma partido a favor de los pobres.*
>
> Karl Barth[1]

Karl Barth es uno de los teólogos que mayor impacto provocó a nivel mundial. Tanto que, en célebre metáfora de Karl Adam, su comentario a la carta a los Romanos fue una bomba de tiempo que cayó en el terreno de los teólogos. La influencia de Barth no se ha circunscripto solo al mundo protestante y evangélico, ya que

---

1. Karl Barth, "Pobreza", en *Karl Barth. Dádiva e Louvor. Artigos selecionados*, trad. Walter O. Schlupp, Luís Marcos Sander y Walter Altmann, 2da. edición, IEPG-Sinodal, São Leopoldo, 1986, p. 352. Esta cita de Barth es solo un botón de muestra de su claro posicionamiento a favor de los pobres y desclasados y en contra de los ricos y opresores. Por tal razón, su teología está en las antípodas de la ampliamente difundida hoy "teología de la prosperidad". Para una crítica de esta última, véase Alberto F. Roldán, *La teología de la cruz como crítica radical a la teología de la prosperidad*, UBL, San José (Costa Rica), 2018.

teólogos católicos como el mencionado Karl Adam (a los que podemos sumar a Hans von Balthasar y Hans Kün) recibieron la impronta del teólogo de Basilea.[2] Recientemente, un teólogo latinoamericano publicó un artículo titulado "Karl Barth: teólogo ecuménico", en el cual destaca la monumental obra de Barth que lo constituye en una especie de "Santo Tomás protestante" y concluye en estos términos:

> La figura y la obra de Barth poseen un profundo valor ecuménico, en cuanto que ha devuelto a la teología a su objeto propio, que es la palabra de Dios. Ciertamente, el debate teológico ha continuado, y las actuales posiciones entre las iglesias han sido más allá de Barth, pero a partir de sus planteos ha hecho asumir a la teología, concibiéndola y practicándola como teología de la Palabra.[3]

En lo que se refiere al ámbito protestante latinoamericano, tres teólogos fueron estudiantes directos de Karl Barth. Nos referimos a Emilio Castro, Rolando Gutiérrez-Cortés y Juan Stam.[4] Es oportuno, entonces, recorrer los distintos espacios donde se refleja la recepción de la teología barthiana en nuestra América Latina. Primero, nos referimos a la influencia en Iglesia y Sociedad en América Latina

---

2. Cf. Hans Urs von Balthasar, *The Theology of Karl Barth*, trad. Edward T. Oakes, Ignatius Press, San Francisco, 1992 y Hans Küng, *La justificación. Doctrina de Karl Barth y una interpretación católica*, trad. Francisco Salvá Miguel, Editorial Estela, Barcelona, 1967. La obra incluye una carta del propio Karl Barth en la cual felicita a Küng no sólo por haber interpretado esa doctrina según su exposición en la *Kirchliche Dogmatik* sino también por haberla "sacado a la luz con una concisión en la exposición que no daña a la precisión en el detalle, sino con alusiones numerosas y hábiles a las relaciones más amplias". *Ibíd.* XXI.

3. Ricardo Manuel Mauti, "Karl Barth, un teólogo ecuménico", *Vida pastoral*, Año LC, Nro. 378, Buenos Aires: San Pablo, marzo-abril 2019, p. 41. Agradezco a Martín Sharenberg por el envío de este artículo.

4. El cubano Adolfo Ham Reyes estudió con Karl Barth en el Instituto Ecuménico Bossey de Suiza en 1959. Dato suministrado por el profesor Rigoberto Figueroa y confirmado por el doctor Amós López, ambos de Cuba.

(ISAL), luego en la teología de la liberación y finalmente en la teología evangélica, vinculada en parte con la Fraternidad Teológica Latinoamericana. Antes de analizar esos tres ámbitos debemos mencionar acaso el primer texto de Barth traducido al castellano: *Bosquejo de dogmática*,[5] tarea realizada por Manuel Gutiérrez Marín. Según comenta el propio teólogo español: *"Conversando en Amsterdam –era el año 1948– con Karl Barth, fue él mismo que me propuso tradujese al español su "Bosquejo de Dogmática"*.[6] También consigna que en 1949 dictó unas conferencias sobre teología dialéctica en la Facultad Evangélica de Teología que luego serían publicadas por La Aurora y la Casa Unida de Publicaciones bajo el título *Dios ha hablado*.[7] La obra reproduce esas conferencias y está dedicada a su promotor, el Dr. B. Foster Stockwell, rector de la Facultad Evangélica de Teología, antecesora del Isedet. El teólogo español expone, como dice el subtítulo del libro, *El pensamiento dialéctico de Kierkegaard, Brunner y Barth*. En el prólogo, escrito en Montevideo en setiembre de 1949, el autor considera un privilegio especial *"haber podido traer a la América Latina la ideología dialéctica dentro de la teología evangélica y espero que servirá de aliciente a muchos para examinar su posición ante las Sagradas Escrituras y la persona de Jesucristo"*.[8] Luego de afirmar que Barth es el padre de la teología

---

5. Karl Barth, *Bosquejo de dogmática*, trad. Manuel Gutiérrez Marín, La Aurora-Casa Unida de Publicaciones, Buenos Aires y Ciudad de México, 1954. Hay una segunda versión en castellano de esta obra. Sus datos son: Karl Barth, *Esbozo de dogmática*, trad. José Pedro Tosaus Abadía, Sal Terrae, Santander, 2000, con un excelente prólogo de J. I. González Faus.

6. *Bosquejo de dogmática*, p. 5. Cursivas originales.

7. Manuel Gutiérrez Marín, *Dios ha hablado*, Editorial La Aurora-Casa Unida de Publicaciones, Buenos Aires y Ciudad de México, 1950. Así como se considera a Gutiérrez Marín como quien introduce a Karl Barth en Hispanoamérica, se reconoce a Richard Shaull, uno de los teólogos más importantes de ISAL como quien influye para la lectura de Barth en Brasil.

8. *Ibíd.*, pp. 7 y 8. Cursivas originales.

dialéctica, afirmación que él mismo hubiera rechazado, el expositor reconoce que Barth ha tenido que luchar contra tres frentes: el catolicismo, los "fundamentalistas" –tal como los designa– y los liberales, a los cuales respondió afirmando respectivamente que la Iglesia, la Biblia y la experiencia son cosas humanas y, por lo tanto, no divinas. Pero eso no significa, como aclara más adelante (y sobre lo cual no es posible poner demasiado énfasis), que la Escritura no tuviese importancia para él. Por el contrario, la Biblia es "la revelación de Dios mismo".[9] En cuanto al carácter dialéctico de su teología, Gutiérrez Marín considera que se verifica en que para Barth tanto el pensar filosófico como el teológico se mueven en la discontinuidad de los medios o instrumentos humanos. En otras palabras: "que no vale encerrarse en tesis ni antítesis, ya que la síntesis las supera a todas; ni vale pronunciar un sí o un no rotundos, ya que el origen que se busca ha de salir justamente de ambos. Sólo Dios puede decir la verdad [...]".[10] De los temas clásicos de la teología sistemática, Gutiérrez Marín destaca la escatología en su versión profética, la cristología y la eclesiología. La primera es la que más atención le merece por ser el núcleo central de la teología barthiana, al punto de que el propio teólogo suizo decía: "Dime cómo es tu cristología y te diré quién eres". En su cristología Barth pone de manifiesto la influencia de Lutero y su *theologia crucis* como también su expresión magnífica que describe al cristiano como *simul iustus et peccator* ya que no se trata de la justificación del santo sino de la *iustificatio impii*. Siempre dentro del contexto cristológico, Gutiérrez Marín subraya que para Barth no hay diferencias entre "Reino de Dios, Reino de los cielos y Reino de Jesús". Lo importante radica

---

9. *Ibíd.*, p. 103.
10. *Ibíd.*, p. 104.

en el hecho de que ese Reino no es producto de la evolución de los esfuerzos humanos sino de la acción de Dios mismo; por lo tanto, ahí puede vislumbrarse la influencia de Calvino: *soli Deo gloria*. Un amplio espacio ocupa la fe en esta interpretación que de Barth hace el teólogo español. La fe no es para Barth un fenómeno anímico o psicológico y ni siquiera "religioso" sino "el humillarse con temor y temblor bajo el juicio divino, el detenerse ante la soberanía de Dios, el respetar el incógnito divino; la fe, la aceptación del no de Dios, que Él proclama en Jesucristo para el mundo entero".[11] Citando al propio Barth concluye: "La fe es, pues, una decisión; la exclusión de la incredulidad, la superación de la rebeldía contra la realidad divina, y la aceptación de su existencia y validez…".[12] Gutiérrez Marín conecta luego la cristología con la soteriología, particularmente con el vidrioso tema de la predestinación que en su reinterpretación supera todo determinismo fatal al concentrarla en Jesucristo. Dice Barth: "Somos elegidos en tanto aceptamos nuestra elección en Jesucristo. Con ello aceptamos también nuestra condenación, pero la condenación llevada y superada por Cristo y que, por consiguiente y sobre todo, es nuestra elección".[13] Y agrega a modo de colofón: "En resumen: todos los hombres son elegidos y todos los hombres son condenados en Jesucristo".[14] Luego, el teólogo español se ocupa de la Iglesia como una realidad humana y frágil. La Iglesia es de Dios y quien la conduce y en su seno debe resplandecer el nombre de Dios buscando siempre su gloria. Y finaliza con una sentencia rotunda que

---

11. *Ibíd.*, p. 131.
12. *Ibíd.* Cita de Karl Barth, Credo, p. 5.
13. *Ibíd.*, p. 140. Hemos desarrollado más ampliamente el enfoque cristocéntrico de la predestinación en Barth en Alberto F. Roldán, "El círculo hermenéutico en las teologías de Juan Calvino y Karl Barth", *Reino, política y misión*, Ediciones Puma, Lima, 2011, pp. 125-155.
14. *Op. Cit.*, p. 141.

resume toda su exposición: "En la Iglesia ningún hombre es más que otro, sino Cristo lo es todo en todo".[15]

La exposición de Manuel Gutiérrez Marín representa una clara y fiel demostración de su conocimiento de la teología de Barth de primera mano, y su importancia principal radica en introducir de modo pionero esa teología en el escenario protestante latinoamericano.

El *Bosquejo de dogmática* es un comentario al Credo Apostólico y recoge el curso que Barth ofreció en Bonn. Tal vez ese texto significó la irrupción del pensamiento barthiano en Buenos Aires. El prólogo del mismo resulta sumamente atractivo ya que Barth da muestras de su proverbial recurso al humor cuando describe:

> Estas conferencias tuvieron lugar en el palacio semiderruido del Príncipe Elector, en Bonn, donde, más tarde, fue instalada la universidad, y fueron pronunciadas a las siete de la mañana, cotidianamente, luego de habernos animado, primero, ora con la lectura de un salmo o con un himno. A las ocho de la mañana se hacía notar la obra de reconstrucción del edificio por el rodar de una máquina que trituraba los escombros. (Séame permitido indicar que en mis curiosas andanzas por las ruinas me topé con un busto incólume de Schleilrmacher [sic], que luego fue puesto a buen resguardo y en un lugar honorable).[16]

Se percibe fácilmente en este relato la permanente curiosidad de Barth por lo novedoso y desconocido como también el humor al

---
15. *Ibíd.*, p. 147.
16. *Bosquejo de dogmática*, p. 11. Cursivas originales.

haber tropezado con el busto de Schleiermacher que, parece, a poco estuvo de ser triturado no por las máquinas sino por el golpe que le propinó. Barth decía que no estaba de acuerdo con su teología pero que para desarrollar esa disciplina Schleiermacher era insuperable. Se sabe que Barth tenía en su estudio un cuadro con la figura del gran teólogo reformado: padre de la hermenéutica moderna, de la teología liberal y de la teología práctica, la cual debía tener, según su propuesta, el mismo rigor académico que las teologías bíblicas, históricas y sistemáticas. Ahora sí, nos abocamos al análisis de la recepción de Barth en los tres estamentos indicados: ISAL, TL y FTL.

1. La recepción de Barth en Iglesia y Sociedad en América Latina (ISAL)

Uno de los artículos más antiguos sobre la teología de Barth escrito por un teólogo protestante latinoamericano es el que se titula: "La situación teológica de Latinoamérica y la teología de Karl Barth", donde el metodista uruguayo Emilio Castro expone a grandes rasgos el pensamiento del teólogo suizo. Originalmente fue escrito para la celebración de los setenta años de vida de Barth y se publicó en alemán como parte de un *Festschrift*. La revista *Cuadernos teológicos*[17] reproduce el texto completo en castellano y a esa fuente nos remitimos. El teólogo uruguayo consigna la presencia de Karl Barth en España y América latina, afirmando que tanto Miguel de Unamuno como Ortega y Gasset publicaron artículos en los que

---
17. Emilio Castro, "La situación teológica de Latinoamérica y la teología de Karl Barth", en *Cuadernos teológicos*, Nro. 18-19, Facultad Evangélica de Teología, Buenos Aires, 1956, pp. 5-16.

dan testimonio de la importancia del pensamiento de Barth y su relevancia. En América Latina, la revista evangélica *Luminar*,[18] de México, publicó en 1938 una polémica entre Blondel y Maury sobre la posición que Barth sostuvo en cuanto a la filosofía. La misma revista, en su edición de 1940, publicó una carta de Karl Barth fechada en diciembre de 1939 titulada "Carta a mis amigos de Francia" donde el teólogo reformado describe la situación de Europa, con especial referencia a Alemania y Suiza con su pretendida "neutralidad".

Volviendo a Emilio Castro, dice el teólogo uruguayo que recién en los últimos años se ha descubierto el pensamiento barthiano en algunas facultades de filosofía de la Argentina y cita el caso del filósofo argentino Vicente Fatone, que en el 1953 produjo un libro en el que analiza el pensamiento de Barth junto al de Heidegger, Sartre y Marcel.[19] Castro parte de la esperanza de que un análisis de la teología de Barth pudiera ofrecer una contribución para el conocimiento de la situación latinoamericana en lo que se refiere al espacio histórico-eclesiástico. El autor aclara que el espectro al cual se dedica el estudio es a quienes de un modo u otro confiesan una forma de fe evangélica o protestante. Duda que el catolicismo romano de la época fuese receptivo a la teología barthiana. El teólogo uruguayo distingue las dos fuentes de origen del protestantismo latinoamericano: los muchos misioneros que llegaron a nuestras

---

18. *Luminar*, Nro. 3, 1940.
19. Vicente Fatone nació en Buenos Aires en 1903 y falleció en 1962. Fue profesor de metafísica y lógica en la Universidad del Litoral, profesor de historia de las religiones en la Universidad Nacional de La Plata y profesor de la Universidad de Buenos Aires. También fue rector-interventor de la Universidad Nacional del Sur en Bahía Blanca. El libro al que alude Emilio Castro se titula: *La existencia humana y sus filósofos*, Raigal, Buenos Aires, 1953, donde expone el pensamiento de Jaspers, Barth, Chestov, Berdiaeff, Zubiri, Marcel, Lavelle, Heidegger, Sartre y Abbagnano. Hemos analizado esa obra en el capítulo 2 de este libro.

tierras enviados desde Estados Unidos e Inglaterra y, por otro lado, el arribo de inmigrantes europeos. Aclara Castro:

> En el primer caso heredábamos las formulaciones teológicas de las denominaciones del Norte, en el segundo caso se recibía el pensamiento europeo, aun cuando se corría el riesgo –en el cual muchas veces se ha caído– de confundir la fe evangélica con la nacionalidad, el culto con la preservación del idioma.[20]

Luego, Emilio Castro hace referencia al tema más álgido de la época: el debate entre fundamentalismo y modernismo, expresión esta última que es otro modo de nombrar al liberalismo. Y aclara que debiéramos evitarlo por lo siguiente: "no es nuestro, es heredado, es el más grande pecado de la Iglesia en tierra de misión, pues divide esfuerzos, siembra confusión y presenta a la colectividad humana escándalos humanos en lugar del gran escándalo divino".[21] A la pregunta concreta, ¿cómo puede ayudarnos Barth? Castro responde:

> Su doctrina de la Palabra de Dios, de la cual depende su doctrina de las Escrituras, le da la posibilidad de salvar ambos valores, sin comprometerlos por medio de la adhesión a ideas extrañas al mismo testimonio bíblico. No puede ayudarnos el fundamentalismo, en cuanto negando los derechos de la moderna investigación pretende aferrarse a una letra antigua. Barth nos hará ver que la doctrina de la inspiración verbal de las Escrituras que nace en el siglo XVII, se establece en la lucha contra el racionalismo, pero es en sí misma un producto del mismo racionalismo. Es el intento de convertir a la fe y a su conocimiento

---

20. Emilio Castro, art. citado, p. 6.
21. *Ibid.*, p. 7.

indirecto en un saber directo, hacer de la revelación un objeto fijo de experiencia (*Erfahrung*) profano.[22]

Castro aclara que la posición de Barth respecto a la Escritura no es tampoco una adhesión al liberalismo porque, en genial síntesis: "Karl Barth comienza a encontrar la Palabra de Dios en la Biblia, precisamente donde el liberalismo presume haber terminado con la Biblia".[23] De ese modo, amplía: "Se elimina el racionalismo fundamentalista –que da todo poder al hecho objetivo del libro–, y se elimina el humanismo modernista –que deja todo librado a la deducción humana–, para hacer de la lectura un encuentro con el Dios de la Biblia". Y finaliza diciendo:

> La Biblia es la Palabra de Dios en el *Ereignis* (suceso), en el momento en que Dios habla a una congregación o a un hombre a través de sus páginas. No es una Palabra de Dios independiente de Dios, sino sujeta a Dios. En esta dirección podremos salvar el abismo fundamentalismo-modernismo. Reconociendo valores y limitaciones de uno y otro, y trascendiéndolos en una mejor formulación de la doctrina bíblica.[24]

Pero Castro entiende que hay todavía otro servicio importante que la teología barthiana puede dar al cristianismo latinoamericano. Es el referido a la predicación, a qué mensaje dar y cómo darlo. Sin dudas, para el teólogo uruguayo, Barth nos conduce a la centralidad de Cristo. En un párrafo que merece ser citado *in extenso*, dice:

---

22. *Ibíd.* p. 13. Cursivas originales.
23. *Ibíd.*, p. 14.
24. *Ibíd.* Cursivas originales

Barth nos ha de ayudar a centrar todo nuestro pensar teológico real y efectivamente en la persona de Cristo. Y será, sin duda, una ayuda de tremendas consecuencias prácticas. Frente al fanatismo y superstición del ambiente nos recordará que si bien la tarea de la predicación cristiana es destruir falsos dioses, esa tarea es de carácter secundario, *a posteriori*, consecuencia de un primer trabajo de predicación del Dios verdadero. Desde el evangelio es que se destruye la teología natural. Desde el evangelio es que se puede redargüir al hombre de pecado, desde el evangelio es que se pueden destruir de raíz todas las negaciones de Cristo que en nombre de Cristo se han levantado en América.[25]

El artículo termina con una nota de realismo y esperanza ya que, entiende Emilio Castro, el camino barthiano tiene mucho para meditar, pensar, aprender y también mucho que rechazar. Y agrega: "Estamos seguros que en el correr de los años y a medida que nuevas traducciones a idiomas más accesibles nos familiaricen con su pensamiento, nueva bendición recibiremos que se traducirá en un mejor servicio en la Iglesia al Señor de la Iglesia".[26]

En una biografía sobre Emilio Castro escrita por Manuel Quintero Pérez y Carlos Sintado titulada *Pasión y compromiso con el Reino de Dios*, los autores dedican un espacio significativo al hecho histórico de que Emilio Castro fuera el primer estudiante latinoamericano de Karl Barth. En efecto, como el mismo Castro testimonia, entre los estudiantes de Barth "Había norteamericanos, y creo que uno que otro asiático, pero yo era el ave rarísima [...]".[27] El teólogo uruguayo

---

25. *Ibíd.*, pp. 15 y 16. Cursivas originales.
26. *Ibíd.*, p. 16.
27. Manuel Quintero Pérez-Carlos Sintado, *Pasión y compromiso con el Reino de Dios. El testimonio ecuménico de Emilio Castro*, Ediciones Kairós, Buenos Aires, 2007, p. 107.

ofrece también algunos datos de la metodología pedagógica de Barth. Además de utilizar sus clases para escribir capítulos de su Dogmática, realizaba seminarios y coloquios mediante grupos de estudio tanto en inglés como en francés y en alemán. Agrega Emilio Castro:

> Yo me anoté en el de francés y tuve la suerte de que solo había cinco, así que había una relación muy estrecha, muy personal, y casi inevitablemente podía hacer preguntas sobre lo que estaba pasando en el momento teológico actual. El propósito de esas sociedades era estudiar con Barth capítulos antiguos de su dogmática, para tomar alguna parte del capítulo y examinarla en profundidad. Esto fue maravilloso, porque permitía una conversación bastante personal.[28]

Castro también consigna un diálogo que mantuvo con Barth a propósito de un libro publicado en la Argentina cuyo autor pertenecería a la teosofía. La obra versaba sobre el existencialismo de distintos autores y se refería críticamente a Barth porque, según él, no se había preocupado por los animales. El teólogo uruguayo le tradujo ese párrafo a lo cual Barth replicó: "Evidentemente ha leído los primeros capítulos de mi *Dogmática* y no ha leído muchos más, porque el tema está presente en mi *Dogmática*".[29] El libro de referencia es el que hemos consignado antes: *La existencia humana y sus filósofos*, donde el autor incluye a Barth dentro de los pensadores

---

28. *Ibíd.*, p. 108. Allí mismo se consigna el diálogo que mantuvo Castro con Barth, cuando al comentarle al teólogo suizo que para referirse al Espíritu Santo los teólogos predican un sermón de treinta minutos mientras Barth necesitaba seiscientas u ochocientas páginas, Barth replicó diciendo que él tenía que estar atento a todo lo que sucedía en Zurich o en Estrasburgo.

29. *Ibíd.*, p. 110. Cursivas originales. Con toda probabilidad el libro de referencia es el que ya hemos comentado de Vicente Fatone. Lo interesante es observar cómo esa obra llegó al conocimiento del propio Barth por intermedio de Emilio Castro.

existencialistas. En el capítulo 2 hemos analizado con mayor detalle esa obra y la interpretación que Fatone hace del teólogo de Basilea.

A la pregunta sobre qué significó Barth en su trayectoria como teólogo, Castro responde:

> Primero, una liberación del dilema *fundamentalismo versus liberalismo*, en torno al cual estaban polarizadas las iglesias latinoamericanas. Barth, con la trascendencia que le da a la Palabra y con la *existencialidad de la Palabra*, nos enseña que la Biblia es la Palabra de Dios cuando se la abre en comunidad, o cuando se la lee invocando al Espíritu Santo. La Palabra de Dios es el milagro de la presencia de Dios en la lectura de la Biblia.[30]

Esta perspectiva tiene relación con la de Juan Calvino, que otorga al testimonio interno del Espíritu Santo un lugar decisivo para que seamos convencidos de que lo que estamos leyendo es Palabra de Dios. Finalmente, el propio Emilio Castro elabora un prólogo a la edición en castellano —traducida del francés— de la obra de Barth *Comunidad cristiana y comunidad civil*, donde destaca los aportes que la teología barthiana puede hacer a la teología latinoamericana, especialmente a la teología de la liberación.

Otro uruguayo, Julio de Santa Ana, también se hace eco de la importancia de Karl Barth para la elaboración de una perspectiva teológica de la acción social. En su estudio sobre el tema, es precisamente Barth el primer teólogo al que se refiere. Al comienzo afirma: "Sin duda, el profesor de Basilea es la figura teológica en

---

30. Pasión y compromiso con el Reino, p. 114. Cursivas originales.

lo que va del siglo XX".³¹ Fundamenta su afirmación del siguiente modo: "Su penetración en el mundo de la Doctrina nunca ha sido fría y menos aún abstracta, es un teólogo dotado de una profunda vocación pastoral que lo ha llevado a estar en la frontera misma de la Iglesia y del mundo".³² Para el teólogo uruguayo la participación de Barth desde muy joven en movimientos socialistas es un dato de su interés por la relación entre la Iglesia y la sociedad. Luego, de Santa Ana repasa algunos textos de Barth, como la Dogmática eclesiástica (así cita la obra sistemática de Barth existente solo en alemán, inglés y francés), volumen III/4 y se detiene a analizar el opúsculo titulado *Comunidad cristiana y comunidad civil*, que es "como una síntesis de todo su pensamiento acerca de la situación y el compromiso del cristiano en la sociedad y con la política".³³ A esa obra –que tiene dos traducciones al castellano, una del francés y otra del alemán– nos referimos en un capítulo del presente libro.

En otro artículo, publicado en 1969 por la revista Víspera, de Santa Ana repasa las distintas etapas en el desarrollo de la teología de Barth. El trabajo se titula simplemente "Introducción a Karl Barth"³⁴ y se inicia con una referencia al contexto cultural europeo en que se formó Barth, mencionando las influencias de Edmund Husserl, Henri Bergson, Karl Jaspers, Martín Heidegger, Gabriel Marcel y Nicolás Berdiaev. En lo que denomina "una revolución copernicana"

---

31. Julio de Santa Ana. "Algunas referencias teológicas actuales al sentido de la acción social" en Rodolfo Obermüller, et. al., *Responsabilidad social del cristiano*, ISAL, Montevideo, 1964, p. 33. Julio de Santa Ana, metodista uruguayo, conoció personalmente a Karl Barth y habría tomado algún curso con él. A la hora del cierre de esta edición del libro no se pudieron obtener más precisiones al respecto.
32. *Ibíd*.
33. *Ibíd*.
34. Julio de Santa Ana, "Introducción a Karl Barth", *Víspera*, Nro. 3, Montevideo, 1969.

subraya la importancia de la teología de Schleiermacher y admite que "aunque podemos considerarlo un liberal en teología, abre el camino en teología para que el pensamiento sea realmente cristocéntrico".[35] El teólogo uruguayo distingue nueve períodos en la vida teológica de Barth: el primero, como profesor en Suiza, el segundo (1909-1916) en el que desarrolla una amistad con Thurneysen, Gogarten y Emil Brunner, formando un equipo para editar la revista *Zwischen den Zeiten* (*Entre los tiempos*). El tercero comienza con la publicación del comentario a Romanos (1919) y se extiende hasta 1921. El cuarto (1921-1922), cuando dicta una cátedra especial en la Universidad de Göttingen, Alemania. El quinto (1925-1928), en el que, entre otras actividades, es llamado a enseñar en la universidad de Bonn y comienza a escribir una nueva dogmática cristiana que luego deriva en una *Dogmática de la Iglesia* (*Die Kirchliche Dogmatik*). Define de Santa Ana: "Ella está realizada teniendo en cuenta por un lado la exégesis bíblica y la discusión de los datos de la exégesis y, por otro, en una letra distinta, más menuda, toda la discusión que sobre ese punto se ha hecho a lo largo de toda la historia de la Iglesia".[36] El sexto período es el de la guerra, durante el cual sigue escribiendo la Dogmática. El octavo se desarrolla en la posguerra y es cuando "el pensamiento de Barth alcanza la paradoja máxima: sólo se puede hablar de Dios en tanto Dios es hombre en Jesucristo".[37] Finalmente, la última etapa es desde 1961 hasta su muerte en 1968. En esta etapa recibe a estudiantes alemanes e ingleses en su propia casa y algunos que él denominaba "especiales", con quienes desarrollaba coloquios. Barth ya está viejo, enfermo y casi ciego pero es "un hombre

---

35. *Ibíd.*, p. 4.
36. *Ibíd.*, p. 6.
37. *Ibíd.*, p. 7.

lúcido en dos sentidos: tiene una notable inteligencia, penetra profundamente los asuntos que le presentan, pero también es lúcido para saber que hay ciertas cosas en las que debe aprender".[38] Es allí donde consigna un dato personal: "Recuerdo una discusión que tuvimos en torno al problema Cuba; recuerdo que entonces hizo una gran cantidad de preguntas y cuando le pedimos que aventurara algún tipo de pensamiento, admitió que de eso nada sabía".[39] Esta actitud es ponderada por Julio de Santa Ana como un signo de gran humildad e inteligencia.

José Míguez Bonino es, sin dudas, otro de los teólogos de ISAL fuertemente influido por Karl Barth. Paul J. Davies, en su tesis doctoral *Faith Seeking Effectiveness: The Missionary Theology of José Míguez Bonino*, cuando cita las influencias de teólogos en el pensamiento de Míguez Bonino, siempre menciona en primer lugar a Karl Barth. La influencia de Barth sobre el teólogo argentino se inició seguramente cuando tomó clases con Rudolph Obermüller, profesor de la Facultad de Teología (más tarde el ISEDET) quien había estudiado con Barth. El propio Míguez Bonino daría testimonio de ello en ocasión de referirse a su trayectoria teológica en la celebración del trigésimo aniversario de la FTL. Paul Davies detecta la influencia barthiana en la tesis de Míguez Bonino para obtener la licenciatura en teología. La misma –que data de 1948– se titula *Hombre y Dios en el siglo XVI. Estudio e interpretación de las relaciones entre Renacimiento y Reforma en la persona, obra y pensamiento de Lutero y Erasmo de Rotterdam; su influencia y su actualidad*. Comenta Davies:

---

38. *Ibíd.*
39. *Ibíd.*

Esta tesis demuestra claramente su desarrollo barthiano el cual ha sido mantenido a través de su vida. Él ha leído a Lutero a la luz de la teología de Barth, y la teología de Desiderio Erasmo a la luz de los teólogos liberales que fueron los maestros de sus profesores. Afirma que Barth fue más fiel a la tradición de la Reforma que los teólogos liberales.[40]

Davies dedica un *excursus* para destacar la influencia de Barth en Míguez Bonino. Cita a Weishein que recoge una declaración de Míguez Bonino que dice que "el barthianismo nos devolvió la Biblia, y no sólo como un estudio simple, exegético e histórico crítico, sino como mensaje".[41] Pero la influencia más nítida se da en el plano de lo social y lo político. En una entrevista concedida en el año 2001, cita una declaración de Barth en la *Church Dogmatics* que dice que "Dios toma su lugar incondicionalmente y apasionadamente de un lado y sólo de un lado: contra los encumbrados y a favor de los marginados, contra aquellos que gozan de derecho y privilegio y a favor de aquellos que son rechazados y carenciados".[42] En otro texto de tenor similar, dice Barth:

> [...] no hay ningún pasaje de la Biblia en que Dios aparezca como el Señor y Salvador de los ricos y de su riqueza, donde los pobres sean exhortados a preservar la riqueza de los ricos mientras ellos permanecen pobres, simplemente por causa de los ricos. [...] la Biblia está del lado de los pobres. Aquel a quien la Biblia llama Dios toma partido a favor de los pobres.[43]

---

40. Paul J. Davies, *Faith Seeking Effectiveness: The Missionary Theology of José Míguez Bonino*, Tesis de doctorado en teología, Universidad de Utecht, 2006, p. 18.
41. Cit. en *Ibíd.*, p. 33.
42. *Ibíd.*
43. Karl Barth, "Pobreza", en *Karl Barth. Dádiva e Louvor*, 2da. Edición, Editora Sinodal, São Leopoldo, 1986, p. 352.

En un imperdible prólogo a la edición en castellano del texto de Barth, *Introducción a la teología evangélica*, José Míguez expone la trayectoria y el pensamiento de Barth que culmina, precisamente, en esta obra que recoge las clases de Barth en Basilea cuando ya estaba jubilado y le pidieron que dictara un semestre más dado que todavía no se había designado a su sucesor. Después de recorrer, a grandes rasgos, la producción barthiana, se pregunta: ¿De qué nos sirve a nosotros como latinoamericanos, en un continente de pobreza y marginación, la teología de Barth? Y responde:

> Sería una empresa absurda tratar de demostrar que Barth es un "precursor" de nuestra teología. No la conoció. Por razones cronológicas y porque su mirada no superó el horizonte del mundo europeo. Uno sospecha que hubiera tenido graves hesitaciones y reticencias frente a nuestras formulaciones teológicas. [...] Y como teólogo habría fruncido el ceño ante nuestros "ensayos" frecuentemente débiles en su fundamentación e investigación académica.[44]

Luego de estas precauciones o sospechas, Míguez Bonino responde:

> Lo primero que creo escuchar es un llamado a la *modestia*. Que no nos tomemos demasiado en serio como "teólogos de la liberación". Como si fuéramos nosotros los "liberadores". Como si nuestra reflexión comprometida fuera a rescatar a nuestros pueblos, crear un hombre y una sociedad nuevas. Como si el futuro de los pobres dependiera de nosotros. La primera palabra –inconmensurablemente, primera y decisiva– la

---

44. José Míguez Bonino, Introducción a *Karl Barth, Introducción a la teología evangélica*, trad. Elizabeth Lindenberg de Delmonte, La Aurora, Buenos Aires, 1986, p. 20.

tiene el único Libertador, Jesucristo. Él es quien trae las buenas nuevas a los pobres, quien se pone a su lado y los convoca, quien da sustento a su esperanza y consuela en el largo camino. La segunda es la respuesta de la comunidad de fe (y no en pocas oportunidades del "hijo rebelde" que dice: "no voy" y va), que recibe con confianza y en obediencia la palabra de Jesucristo. Recién entonces entra el teólogo (se entiende, en su carácter específico de teólogo, porque es siempre parte del pueblo y de la comunidad de fe).[45]

Otro representante de ISAL, Rubem Alves, también se hace eco de la teología barthiana. En su tesis doctoral traducida al castellano: *Religión: Opio o instrumento de liberación?* el teólogo brasileño dedica un espacio significativo para analizar la teología de Barth en relación a su tema: la humanización. Parte del paradigma del No de la *krisis* al Sí de la elección. La primera es descrita por Alves en estos términos:

> La situación que dio nacimiento al lenguaje barthiano fue el conflicto entre las expectativas optimistas del liberalismo del siglo XIX y las realidades duras de la experiencia histórica que la Primera Guerra Mundial trajo consigo. [...] El optimismo del lenguaje del progreso como paradigma de liberación humana no pudo sobrevivir al lenguaje duro de los hechos: la historia no poseía inmanentemente en su proceso el poder de volver humana la vida humana.[46]

El No de Dios significa que no podemos conocernos ni conocer a Dios mediante el sentimiento de absoluta dependencia (Schleiermacher), ni por medio de la historia (Hegel, Bauer) o en la

---
45. *Ibíd.*, pp. 20, 21. Cursivas originales.
46. Rubem A. Alves, *Religión: opio o instrumento de liberación?*, trad. Rosario Lorente, prólogo de José Míguez Bonino, Tierra Nueva, Montevideo, 1970, p. 65.

conciencia moral (Kant, Ritschl) porque Dios "Permanece oculto, más allá de la historia como el 'Totalmente Otro'".[47] Hay que pasar, entonces, del No de Dios al Sí de Dios. Este último se da en la revelación como en la elección. Alves percibe que hay un cambio sustancial en Barth: de esa trascendencia del Totalmente Otro, en su artículo "La humanidad de Dios", el teólogo reformado modifica su pensamiento. Explica Alves:

> Anteriormente la esperanza de liberación humana iba conjuntamente con la negación total del mundo. Ahora, la trascendencia de Dios, en vez de negarle el mundo al hombre, se lo entrega en calidad de permiso. Este cambio ha sido posible debido a que Barth comprendió que la trascendencia de Dios sobre el hombre y el mundo era Su autodeterminación de ser hombre, y Su determinación de que el hombre sea para Él. "En Jesucristo (quien es la única forma de trascendencia de Dios), Dios gracias a Su gracia libre se determina Él mismo hacia el hombre pecador y al hombre pecador para sí mismo. Él es el elegido de Dios, antes del cual, sin el cual, y al lado del cual Dios no puede efectuar otra decisión (89). Debido a que Dios es para el hombre y con el hombre, debido a que el mundo y el hombre se encuentran sostenidos por la elección de Dios, se les ha otorgado una autonomía "simple pero comprensiva" (90). [...] ahora el Sí de Dios borra todos los pasivos y enfrenta al hombre con el horizonte del permiso. Los tonos nihilísticos de la fase primera dan lugar ahora al "triunfo de la gracia", como dice Berkouwer.[48]

---

47. Ibíd., p. 67.
48. Ibíd., pp. 74-75. Los números entre paréntesis: 89 y 90, remiten a la *Church Dogmatics*, II/2, pp. 94 y 177. La referencia a G. C. Berkouwer es a su clásica obra: *The Triumph of the Grace in the Theology of Karl Barth*, Eerdmans, Grand Rapids, 1956.

La referencia de Alves es al artículo de Barth: "La humanidad de Dios", que en su definición inicial, siempre al estilo del teólogo reformado, dice:

> La humanidad de Dios, bien entendida, ha de significar la relación y donación de Dios al hombre; Dios que habla con promesas y preceptos; el ser, la presencia y la acción de Dios a favor del hombre; la comunión que Dios mantiene con él; la libre gracia de Dios, por la cual no quiere ser ni es otra cosa que el Dios del hombre.[49]

En su lectura de la teología de Barth, Alves extrae tres conclusiones: A. La primera fase de Barth puede ser de ayuda para comprender la negación pese a lo cual su énfasis en la trascendencia lo hace imposible. B. La negación sería la contraparte de la esperanza pero la esperanza es una realidad metahistórica, con lo cual no habría lugar para un futuro en la historia. C. En ambas fases o etapas, la humanización es una función de la predicación. En síntesis: no hay en Barth un lenguaje adecuado para un proyecto histórico concreto. Pese a todas las agudas objeciones a la teología de Barth, Rubem Alves es uno de sus más incisivos lectores y pone en evidencia, una vez más, cuánto ha influido el teólogo de Basilea en los pensadores de ISAL.

Antes de pasar al segundo ámbito en el cual influye Karl Barth y a modo de transición, debemos consignar a otro teólogo de origen

---

49. Karl Barth, "La humanidad de Dios" en *Ensayos teológicos*, trad. Claudio Gancho, Herder, Barcelona, 1978, p. 9. Nos hemos referido a este decisivo texto de Barth que marca un cambio radical en su perspectiva, en *Reino, política y misión*, Ediciones Puma, Lima, 2011, pp. 141-142 que, según Míguez Bonino, representa la última etapa del peregrinaje teológico de Barth. Véase José Míguez Bonino, *Toward a Christian Political Ethics*, Fortress Press, Filadelfia, 1983, p. 80. Versión en castellano: *Militancia política y ética cristiana*, La Aurora, Buenos Aires, 2013.

escocés pero radicado por años en América Latina. Nos referimos al presbiteriano Juan A. Mackay. En su excelente texto *Prefacio a la teología cristiana*, Mackay reconoce el valor de la neo-ortodoxia liderada por Barth. Afirma:

> El movimiento llamado barthiano ha sido, sin exageración, la influencia individual más importante en el pensamiento cristiano durante las décadas recientes. A este movimiento se debe, en mucho, la rehabilitación de la teología en la Iglesia Cristiana. "La cuestión de la doctrina verdadera", dice Barth, "nos hace percatarnos del vacío que existe dentro de las iglesias y del cristianismo".[50]

Y poco más adelante, Mackay cita la poesía de Barth de la quinta edición del *Romerbrief*:

"Dios necesita HOMBRES, no criaturas

Llenas de frases rimbombantes y pegajosas.

Pide podencos [perros] cuya nariz se hunda

Profundamente en el Ahora,

Y en él olfateen la Eternidad.

Y si ésta estuviere demasiado

Enterrada, rasquen furiosamente

Y excaven hasta dar con el Mañana."[51]

Mackay no sólo leyó los textos de Barth sino que lo conoció personalmente. Cuenta que en cierta ocasión Karl Barth le hizo referencia a un encuentro que tuvo con Albert Schweitzer en

---
50. Juan A. Mackay, *Prefacio a la teología cristiana*, 3ra. Edición, México: CUPSA, 1984, p. 30.
51. Cit. en *Ibíd.*, p. 33.

Münster y comentó: "'Usted y yo, Barth', decía Schweitzer, 'hemos hecho del mismo problema, la desintegración del pensamiento moderno, nuestro punto de partida, pero, mientras usted volvió a la Reforma, yo volví a la Ilustración'".[52]

2. La recepción de Barth en la teología de la liberación

También los representantes de la *teología de la liberación* recibieron la influencia de Barth. Gustavo Gutiérrez en Teología de la liberación, la obra más sistemática de esa corriente, cita varias veces al teólogo suizo. El teólogo peruano inserta una cita de Barth en la sección de su obra dedicada a exponer la teología como reflexión crítica. Dice: "El Dios de la revelación cristiana es un Dios hecho hombre, de ahí la célebre expresión de K. Barth sobre el antropocentrismo cristiano: 'el hombre es la medida de todas las cosas, desde que Dios se hizo hombre'".[53] Luego, al referirse a la teología como acto segundo que sigue a la fe y el compromiso, Gutiérrez cita en nota:

> La teología –escribe K. Barth desde otro contexto– viene después de las

---

52. *Ibíd.*, p. 21.
53. Gustavo Gutiérrez, *Teología de la liberación*. Perspectivas, 4ta. Edición, Sígueme, Salamanca, 1973, p. 28. En otro texto, y con referencia a la relación entre justicia y el derecho que Dios exige, Gutiérrez afirma que "el Dios de la Biblia 'tiene necesariamente el carácter de una reivindicación del derecho en favor de los inocentes amenazados, los pobres oprimidos, viudas, huérfanos y extranjeros'". Gustavo Gutiérrez, *El Dios de la vida*, Sígueme, Salamanca, 1994, p. 62, nota 2. La cita de Barth corresponde a la *Church Dogmatics* II.1, New York, 1957, p. 386. El teólogo puertorriqueño Luis Rivera-Pagán en su ponencia "Karl Barth and the Origins of Liberation Theology" presentada en el Seminario Teológico de Princeton afirmó que Barth es precursor de la teología de la liberación, entre otras razones, por su correlación entre teología y política, la opción preferencial de Dios por los pobres, la justicia de Dios y los derechos de los desposeídos y la opción preferencial de la Iglesia por los pobres. Luis N. Rivera-Pagán, "Karl Barth and the Origins of Liberation Theology", Princeton Seminary, junio de 2018.

afirmaciones de la iglesia sobre Dios, en la medida en que ella plantea a la iglesia la cuestión de la verdad de esas afirmaciones; en la medida en que ella las juzga, no según criterios extranjeros a la iglesia, sino más bien según el origen y el objeto de la iglesia.[54]

Ya en la temática central de su trabajo (liberación y salvación) Gutiérrez vuelve a citar a Barth como sigue:

> Entre la promesa y sus realizaciones parciales hay una relación dialéctica. La resurrección misma es cumplimiento de algo prometido y, a la par, anticipación de un futuro (Hch 13, 23), con ella la obra de Cristo "no está ya terminada, no está aún concluida", Cristo resucitado "es todavía futuro para sí mismo".[55]

Como podemos observar, Gutiérrez concuerda con Barth en cuanto a "una relación dialéctica" entre promesa y realizaciones parciales, siendo esa una de las características y denominaciones de la teología barthiana: teología dialéctica. En otro contexto, referido a la escatología, afirma Gutiérrez:

> El "primer Barth" es su mejor representante; bajo la influencia de Kant la escatología barthiana es lo que H. Urs von Balthasar llama "escatología trascendental": la eternidad es la forma de verdadero ser, el tiempo no es, en definitiva, sino apariencia y sombra. Las últimas realidades no son otra cosa que el principio de todo, y por ello el límite de todo tiempo.[56]

---

54. Karl Barth, *Dogmatique* I, 1, Genève, 1953, 2. Cit. en *ibíd.*, nota 39, pp. 35-36.
55. Karl Barth, *Kirchliche Dogmatik* 4/3, 385 y 378, cit. desde J. Moltmann, *Teología de la esperanza*, trad. DIORKI (A. P. Sánchez Pacual) p. 112, cit. en *ibíd*, p. 213, nota 42.
56. *Ibíd.*, p. 215. En nota 47, cita el siguiente párrafo: "En el sentido bíblico, sólo hablaría de las últimas cosas quien hablara de su fin entendido, tan radicalmente, de una realidad de tal modo trascendente a todas las cosas, que la existencia de las mismas

Al exponer la teología política de Metz, el teólogo peruano vuelve a citar a Barth. La crítica de Metz es a un tipo de teología que privatiza la fe y hace del cristianismo una cuestión intimista. Comenta Gutiérrez citando a Metz: "Este tipo de teología 'busca resolver el problema nacido de la Ilustración eliminándolo. Para la conciencia religiosa inspirada en esta teología la realidad social y política sólo tiene una existencia efímera'".[57] Allí mismo, en la nota 58, Gutiérrez se refiere a la reacción de Schleiermacher frente a la Ilustración, proponiendo al sentimiento (de absoluta dependencia) como lo característico de la religión, citando la conocida obra histórica de Karl Barth: *La théologie protestante au XIXe siècle*, Genève, 1969, pp. 233-273.

Hasta aquí las referencias puntuales de Gustavo Gutiérrez a la obra de Karl Barth. Como puede observarse, ellas van desde el modo de hacer teología, su lugar como "acto segundo" después de la eclesiología y su enfoque dialéctico de la escatología.

3. La recepción de Barth en la Fraternidad Teológica Latinoamericana (FTL) y el tema de la palabra de Dios

También el ámbito de la Fraternidad Teológica Latinoamericana fue receptivo a Karl Barth, pero de modo dispar. Por un lado, algunos de sus fundadores mencionaron ocasionalmente al teólogo suizo mientras en otros hay un análisis más pormenorizado de su pensamiento y, en el caso de Juan Stam, fue discípulo de él en Basilea.

---

estuviera solo e íntegramente fundada en esa realidad, de un fin, por tanto, que en verdad no fuera otra cosa que su principio". Karl Barth, *Die Auferstebung der Toten*, Zürich 1953, p. 61.

57. *Ibíd.*, p. 291.

Emilio A. Núñez, en una ponencia sobre el Reino de Dios, luego de criticar al liberalismo del siglo XIX por su evidente optimismo hacia el progreso, derrumbado luego por las dos guerras mundiales, ofrece un párrafo significativo sobre el aporte de Karl Barth. Dice:

> Entre los escombros del liberalismo se levanta la voz de Karl Barth proclamando la trascendencia y la soberanía de Dios, la autoridad de la Palabra divina, y la pecaminosidad del hombre. La neo-ortodoxia parece haber ejercido mucha más influencia que el antiguo liberalismo en el pensamiento teológico latinoamericano. Mas no puede decirse que "la teología de la Palabra" haya restituido el sentido apocalíptico del reino. En realidad, los teólogos conservadores se preguntan si el significado de lo histórico y lo escatológico es el mismo en la neo-ortodoxia que en la teología evangélica tradicional.[58]

Es un solo párrafo pero bastante significativo ya que, por un lado, pondera el aporte de Barth a la teología europea al reinstalar la autoridad de la Palabra de Dios a partir de proclamar su trascendencia y soberanía y admite la influencia barthiana en la teología latinoamericana, pero pone en duda si su escatología coincide con la teología que denomina "evangélica tradicional". No es este el lugar para analizar esa cuestión que, de alguna manera, hemos expuesto en otro trabajo.[59] Pero considerando la época en que la referencia es escrita y procediendo de un teólogo que se puede inscribir dentro del espacio más tradicional y conservador –incluso

---

58. Emilio A. Núñez, "La naturaleza del Reino de Dios" en C. René Padilla (editor), *El Reino de Dios y América Latina*, Casa Bautista de Publicaciones, El Paso, 1975, pp. 30-31.

59. Véase Alberto F. Roldán, *Escatología: una visión integral desde América Latina*, Ediciones Kairós, Buenos Aires, 2002, pp. 28-30. Hay segunda edición de esta obra por Ediciones Kairós, Buenos Aires, 2018.

dispensacionalista– no deja de ser altamente destacable ese rescate del aporte significativo y positivo de Karl Barth como superador de la crisis en que la teología protestante entró después de las dos guerras mundiales, reinstalando la centralidad de la Palabra de Dios en la reflexión cristiana.

En el caso de C. René Padilla casi no se encuentran referencias puntuales a Karl Barth. No obstante, se puede decir que en su ponencia "La autoridad de la Biblia en la teología latinoamericana" aunque no cita a Barth, su pensamiento acaso entra mediado por Bernard Ramm y su obra *La revelación especial y la palabra de Dios*, un teólogo bautista estadounidense que estudió un año con Karl Barth.[60] Padilla cita esa obra profusamente para exponer su tema de la autoridad de la Biblia por medio del testimonium Spiritu Santi. Esa autoridad, argumenta Padilla, depende de su conexión con la enseñanza de Jesucristo y la autoridad apostólica. Define: *"La autoridad formal de las Escrituras existe en función de la autoridad material de Jesucristo, pero la experiencia de ésta es posible en virtud de la realidad de aquella".*[61] Uno de los aportes principales de la ponencia de Padilla radica en admitir que lo menos que debiéramos reconocer

---

60. Bernard Ramm, *La revelación especial y la Palabra de Dios*, trad. Justo L. González, La Aurora, Buenos Aires, 1967. En esta obra, el teólogo bautista cita profusamente a Karl Barth habiendo estudiado también con Barth en los años 1957 y 1958. Fundamentalmente, Ramm cita el volumen II.I de la *Church Dogmatics* referido al conocimiento de Dios y pondera el énfasis de Barth en la revelación especial en contraposición al catolicismo romano y al liberalismo. Sobre este último movimiento, dice Ramm, "resulta difícil negar la acusación de Barth según la cual en el fondo de la teología del liberalismo religioso hay sólo antropología religiosa. Barth utiliza a Feuerbach contra los liberales con cierta efectividad". *Ibíd.*, p. 51, nota 34. Ramm también compara la teología de Barth con otros pensadores de la escuela reformada como Herman Bavinck y G. C. Berkouwer, entre otros. Véase en *ibíd*, pp. 16, 19, 20, 39, 42, 43 y 165. Para un análisis crítico de la positividad de la revelación en Karl Barth véase Wolfhart Pannenberg, Teoría de la ciencia y teología, trad. Eloy Rodríguez Navarro, Ediciones Cristiandad, Madrid, 1981, pp. 273-284.

61. C. René Padilla, "La autoridad de la Biblia en la teología latinoamericana" en Pedro

es que la Biblia que tenemos contiene errores de transmisión. Dice el teólogo ecuatoriano:

> Al fin de cuentas, la única Biblia que *tenemos hoy*, gústenos o no, es una Biblia acerca de la cual lo mínimo que se puede admitir es que contiene errores de transmisión, y (en el caso de toda versión) de traducción. Por lo tanto, o la recibimos de Dios *como es* y la aceptamos como autoritativa a pesar de estos errores menores y con la fe de que ninguno de ellos afecta la sustancia del Evangelio, o insistimos en la indispensabilidad de una Biblia absolutamente inerrante y nos quedamos sin Biblia autoritativa. ¡No hay otra alternativa![62]

Llega así a una conclusión que lo acerca bastante al planteo barthiano: "La Biblia es la Palabra de Dios y *deviene* Palabra de Dios por la acción del Espíritu. Como tal, es autoritativa".[63] En síntesis: la apelación al testimonio interno del Espíritu Santo, que abreva en la teología de Juan Calvino y el recurso a las obras de Bernard Ramm[64] lo acercan, indirectamente, a la perspectiva barthiana sobre la Biblia la cual, como concluye Padilla, es Palabra de Dios en la medida en que *deviene* como tal por la acción del Espíritu Santo. Pero casi no existen trabajos de René Padilla que aborden de modo sistemático la teología de Karl Barth. Acaso el único artículo de su autoría es "*In memorian*. Un tributo a Karl Barth" que escribe como homenaje al teólogo reformado y se publicó en la revista *Pensamiento cristiano*. Padilla no duda en denominar a Barth como "el pensador cristiano

---

Savage, et. al., *El debate contemporáneo sobre la Biblia*, Ediciones Evangélicas Europeas, Barcelona, 1972, p. 137. Cursivas originales.
62. *Ibíd.*, pp. 129-130. Cursivas originales.
63. *Ibíd.* p. 153. Cursivas originales.
64. Padilla cita también el libro de Ramm: *The Witness of the Spirit*.

más influyente del siglo veinte".⁶⁵ En el artículo sintetiza la obra del teólogo reformado enfatizando la importancia del comentario a Romanos, el comienzo de la redacción de la *Die Christliche Dogmatik*, suspendida luego y reemplazada por la elaboración de la monumental *Die kirchliche Dogmatik*. Padilla destaca el énfasis de Barth en la resurrección histórica de Jesucristo –en oposición a la propuesta de Bultmann– llegando a la siguiente conclusión:

> Karl Barth hubiera sido el último en tratar de eximir a su teología de errores e inconsistencias. Su propia revisión de ideas, evidente a lo largo de su largo camino como teólogo, es el mejor testimonio de su intención de ajustar su teología a la Palabra de Dios. [...] Lo cierto es que su teología nunca fue una cosa terminada, hecha, sino *una teología en proceso de elaboración*. Con la muerte del teólogo, el 10 de diciembre pasado, a la edad de 82 años, el proceso ha terminado y el pensamiento cristiano ha perdido a uno de sus más brillantes expositores.⁶⁶

De esa primera etapa de la Fraternidad Teológica Latinoamericana quien analiza en forma más específica a Karl Barth es Ismael Amaya. En su ponencia "La inspiración de la Biblia en la teología latinoamericana",⁶⁷ el teólogo argentino analiza las distintas posturas: a. es un libro totalmente divino; b. es un libro puramente humano; c. es un libro parcialmente inspirado. Amaya intenta superar esas alternativas postulando que la Biblia es un libro tanto divino como humano. En la tercera alternativa es donde

---
65. C. René Padilla, "*In memoriam*. Un tributo a Karl Barth", *Pensamiento cristiano*, año 16, Nro. 61, marzo de 1969, p.4.
66. *Ibíd.*, p. 8. Negritas originales.
67. Ismael E. Amaya, "La inspiración de la Biblia en teología latinoamericana" en Pedro Savage et. al, *El debate contemporáneo sobre la Biblia*, Ediciones Evangélicas Europeas, 1972, pp. 79-119.

ubica a Karl Barth. Apoyándose en la *Church Dogmatics* vol. I, Amaya afirma que para Barth hay tres formas que adopta la Palabra de Dios: la palabra predicada, la palabra escrita y la palabra revelada. Para Amaya, Barth hace una distinción entre la forma y el contenido de modo que su conclusión es la siguiente:

> Barth considera las Escrituras como la infalible Palabra de Dios sólo cuando Dios habla por medio de ella a los corazones de los creyentes fieles, por medio del Espíritu Santo. "La Biblia es la Palabra de Dios siempre y cuando Dios quiera que sea su Palabra, siempre y cuando Dios habla por ella".[68]

A propósito de la relación entre la Biblia y la Palabra de Dios, el teólogo británico Stephen Neill[69] expresa que hubiera deseado más claridad por parte de Barth al exponer esa relación, es decir, responder a la pregunta: ¿Cuándo es la Biblia Palabra de Dios? Barth nos dice que es cuando la Biblia es expuesta desde el púlpito por un predicador que está dentro de la tradición reformada. Neill afirma sin ambages que "esa respuesta es absurda".[70] Porque, aunque probablemente Barth no haya querido decir exactamente eso, el hecho es que diariamente, por el testimonio interno del Espíritu Santo, millones de cristianos al abrir la Biblia encuentran la Palabra viva de Dios que les habla sin necesariamente depender de la predicación desde un púlpito.

---

68. *Ibíd.*, pp. 95-96. La cita entre comillas corresponde a *Church Dogmatics, The Doctrine of the Word of God*, I, p. 123.
69. Stephen Neill, *La interpretación del Nuevo Testamento*, trad. José Luis Lana, Colecciones Península, Barcelona, 1967, p. 261.
70. *Ibíd.*

Una crítica más severa es la que elabora Alfredo Fierro en *La imposible ortodoxia*. El férreo teólogo español distingue a Barth de sus colegas Gogarten y Brunner por la amplitud de su obra y por su énfasis en la positividad de la revelación bíblica. Sintetiza la obra de Barth en estos términos:

> La teología barthiana toda ella constituye un grandioso comentario al principio de que "solo Dios puede hablar de Dios". Bajo este punto de vista aspira a ser una *teología pura*, libre de toda mezcla con las especulaciones que el hombre pueda forjarse sobre la divinidad; una teología no tanto del hombre acerca de Dios cuanto del propio Dios acerca de sí mismo.[71]

Para Fierro, en este aspecto Barth se distingue de Bultmann —y diríamos también de Tillich— ya que no hay en él ningún deseo de compaginar su teología con la cultura moderna. Si de Dios solo puede hablar Dios, entonces ninguna palabra humana sobre Dios tiene significación a menos que esté en total armonía con la revelación bíblica. Fierro admite que de modo explícito nunca Barth considera a la Biblia como una especie de oráculo procedente de una divinidad, pero de todos modos, en la práctica deriva casi en lo mismo. "La Escritura goza, a ojos de Barth, de cierta autoconsistencia o aseidad axiomática, que sólo se explica por haberla introducido en aquel circuito misterioso, extraño al hombre, en que Dios habla de Dios".[72] En consecuencia, para Fierro, se trata de un positivismo teológico restaurado que reconstruye de un modo distinto la fuerte crítica racionalista del dogma, tal como se dio en el liberalismo pero "con

---

71. Alfredo Fierro. *La imposible ortodoxia*, Sígueme, Salamanca, 1974, p. 158. Cursivas originales.
72. *Ibíd.*

caracteres distintos a los del positivo clásico de la época barroca".[73] Fierro intuye que en su posicionamiento referido a que de Dios solo puede hablar Dios, Barth se alinea de modo implícito con el enunciado de Wittgenstein: "de lo inefable no se puede hablar". Pero, de todos modos, su voluminosa Dogmática no es fiel a ese axioma, ya que hace gala de muchos conocimientos positivos sobre Dios. Y, apelando a imágenes rotundas, Fierro afirma que "Karl Barth hace de la Escritura un fetiche, un aerolito caído del cielo, un objeto extraño y sin arraigo en los procesos reales de la historia".[74] Es posible que estas acerbas críticas a la teología de Barth resulten a simple vista como demasiado osadas y hasta irrespetuosas. Pero de todos modos contienen puntos a tomar bien en cuenta a la hora de evaluar honesta y profundamente la teología de Barth, sobre todo respecto a sus posibilidades, limitaciones y latentes contradicciones. Estas últimas se pueden resumir en la antítesis siguiente. Por un lado, Barth afirma que "De Dios sólo puede hablar Dios" pero por otro lado advierte a los predicadores que ellos "son hombres que hablan de Dios".

Otro de los fundadores de la FTL, el peruano Pedro Arana Quiroz, también menciona a Barth aunque solo en una nota de página. Su ponencia se inscribe dentro de su tradición presbiteriana, por lo cual apela a Juan Calvino y a la Confesión de fe de Westminster. Afirma:

[...] la fórmula de los reformadores sigue vigente: el Espíritu y la Escritura, la Escritura y el Espíritu. Con lo cual se evita caer en la bibliolatría que separa a las Escrituras de la redención y de Jesucristo. Formula que, al recalcar que

---
73. *Ibíd.*, p. 159.
74. *Ibíd.*, p. 179.

la revelación es al mismo tiempo un *conocimiento y una experiencia* del Dios vivo, evita caer en la idolatría del sentimiento, que desprecia la revelación como conocimiento. En el primer caso nos pone en guardia contra el fundamentalismo y en el segundo contra la neo-ortodoxia.[75]

Resulta claro que el teólogo peruano intenta superar las posiciones antagónicas entre fundamentalismo y neo-ortodoxia. Sin embargo, en nota al pie, rescata la figura de Barth instando a "recordar que Karl Barth tuvo parte destacada en la confección de la famosa Confesión de Barmen, la cual merecería un estudio cuidadoso para notar las aseveraciones antes expuestas".[76]

Otro de los miembros de la FTL es el nicaragüense Rolando Gutiérrez-Cortés. Ejerció la presidencia de ese espacio y en 1987 pude dialogar con él en una iglesia bautista de México D. F. Él mismo da testimonio de sus estudios en su libro *Educación teológica y acción pastoral en América Latina, hoy*. Dice:

[...] en 1960 acepté una beca para la Facultad de Teología Protestante de Estrasburgo, que me permitió viajar, eventualmente, a la ciudad de Basilea para recibir las clases que, en francés, Karl Barth impartía en el comedor de su casa. Fue hasta que regresé de Estrasburgo, en 1962, que me hice cargo de la Primera Iglesia Bautista de Managua como pastor [...]
77

---

75. Pedro Arana Quiroz, "La revelación de Dios y la teología en Latinoamérica" en Pedro Savage et. al., *El debate contemporáneo sobre la Biblia*, Ediciones Evangélicas Europeas, Barcelona, 1972, p. 67.

76. *Ibíd.*, nota 9.

77. Rolando Gutierez-Cortés, *Educación teológica y acción pastoral en América Latina, hoy*, México, 1984, pp. 169-170.

En un artículo sobre hermenéutica, Gutiérrez-Cortés menciona a Karl Barth. Lo hace comentando la obra de Javier Pikaza *Exégesis y filosofía*. Señala que Hermann fue maestro tanto de Bultmann como de Barth. Y agrega:

> Aunque se reconoce una base neokantiana, afecta en gran manera que se tenga como presupuesto lo del encuentro con Dios. Aquí es donde Barth y Bultmann inician lo que posteriormente va a ser conocido como teología dialéctica. Donde "lo importante no es aquello que el hombre descubre (religión), lo decisivo es solamente lo que Dios nos dice (revelación). Por eso, hay que hablar del valor primario de la acción divina, de su juicio sobre el mundo".[78]

Finalmente, subraya la importancia de Cristo en la teología barthiana, toda vez que para el teólogo de Basilea "el lugar donde Dios se hace presente es el Cristo; en él se han encontrado siempre los dos planos tan dispares, Dios y el mundo, eternidad y tiempo".[79]

Hasta aquí, nuestro rastreo en las fuentes primarias de los textos producidos en la primera generación de teólogos de la FTL. Como puede percibirse, son referencias breves, en algunos casos tangenciales, a la teología de Karl Barth y el servicio que puede prestar a la teología latinoamericana. El caso excepcional es el de Juan Stam, biblista y teólogo radicado en Costa Rica, que fue uno de los latinoamericanos que estudiaron con Karl Barth y al cual tuvimos

---

78. Rolando Gutiérrez-Cortés, "La Biblia, el uso del presupuesto y claves hermenéuticas", *Boletín teológico* Nro. 10-11, Fraternidad Teológica Latinoamericana, setiembre de 1983, p. 5. La cita entre comillas corresponde a la obra de Javier Pikaza, *Exégesis y filosofía*, Casa de la Biblia, Madrid, 1972, p. 35.
79. Pikaza, *Op. Cit.*, p. 136, cit. en *ibíd*.

el privilegio de hacer una entrevista, la cual cierra el presente libro. Más allá de los aspectos vivenciales que se ponen de manifiesto en esa entrevista, es oportuno consignar aquí un texto liminar de Juan Stam publicado en 1960 en la revista *Pensamiento cristiano*. Resulta interesante que este artículo se publicó un año antes de que Stam fuera estudiante de Barth en Basilea, lo que aconteció entre los años 1961 y 1964. Stam comienza con una imagen del joven Barth en una conferencia dictada en 1919, un mes después de publicar su comentario a la carta a los Romanos. Dice:

> Nuestra posición es realmente un instante de un movimiento, y cualquier vista de ella es comparable a la vista momentánea de un pájaro en vuelo. Aparte del movimiento, la posición no tiene sentido... y la discusión teórica termina en la tentativa ridícula de dibujar el pájaro en vuelo.[80]

Stam deduce de esta imagen que nunca se llega a un conocimiento perfecto mientras se está en la tierra sino que el teólogo debe vivir en el movimiento continuo de la búsqueda de una mejor comprensión de la palabra de Dios. "Así, el teólogo, como el ave en vuelo, cae por el suelo cuando se queda estático en vez de avanzar cada vez más hacia el entendimiento de la verdad revelada".[81] El artículo, aunque breve, recorre la trayectoria teológica de Barth que va desde su primaria formación liberal (o modernista), la teología de la crisis, la teología de la palabra de Dios y sus controversias con Emil Brunner y Rudolf Bultmann. La última cita es de un artículo publicado en 1959

---

80. Cit. por Juan Stam en "El peregrinaje teológico de Karl Barth", *Pensamiento Cristiano*, vol. III, 29, setiembre de 1960, p. 6. Reproducido en Arturo Piedra (editor), *Haciendo teología en América Latina. Juan Stam: un teólogo del camino*, 2da. Edición, vol. I, Editorial Sebila, San José, 2006, p. 287.

81. *Ibíd.*

en el periódico *Christian Century* en el que Barth, aunque reconoce el trabajo de desmitologización del Nuevo Testamento encarado por Bultmann como una búsqueda de renovación altamente impresionante, sentencia:

> No pude en conclusión seguir a Bultmann en su tesis particular y mucho menos en su método fundamental, en que pude ver que la teología, a pesar de todos los resguardos, era llevada nuevamente al cautiverio egipcio o babilónico de una filosofía particular.[82]

Conclusión

La recepción de Karl Barth en América Latina fue tan evidente como variada. Su pensamiento y obra fueron tomados en cuenta tanto por filósofos como por teólogos. En este último espacio, se trata de pensadores cristianos que van desde el ámbito ecuménico pasando por el catolicismo y llegando a los espacios evangélicos representados por la FTL. La disparidad en esa recepción se evidencia desde la intimidad mayor manifestada por su primer discípulo latinoamericano, el uruguayo Emilio Castro, la influencia indiscutible en la teología de José Míguez Bonino y de Rubem Alves, y el aprecio de Juan Stam. Dentro de la FTL, por lo menos en la primera generación de sus teólogos, la recepción de Karl Barth fue tímida y casi tangencial, aspectos que se ponen en evidencia en la cita de Emilio A. Núñez que, aunque reconoce el aporte de Barth para superar al liberalismo teológico del siglo XIX, duda que

---
82. Cit. en *ibíd.*, p. 295.

su escatología pueda ser admitida por los teólogos que denomina "conservadores". En algunos casos, como el de René Padilla, casi no hay citas de Karl Barth en sus artículos y podríamos hipotetizar que el pensamiento barthiano llega a él mediado por los trabajos de Bernard Ramm, teólogo que estudió con Barth y que proveyó a Padilla el marco teórico para desarrollar su tesis sobre la Biblia, concluyendo en términos muy similares a los del teólogo suizo: la Biblia *es y deviene* Palabra de Dios por la acción del Espíritu Santo. En resumen, los ámbitos más dispares de la teología latinoamericana reciben la influencia directa, indirecta o tangencial de Karl Barth que van desde el espacio ecuménico (ISAL) pasando por la Teología de la Liberación (caso Gustavo Gutiérrez) y llegando al núcleo de la FTL, en modo especial, en Juan Stam, a quien con enorme gratitud y respeto denominamos en este libro "el último discípulo" del gran teólogo de la Palabra.

Capítulo 7

Barth, Brunner, Tillich: café brasileño

> *Querido amigo Barth: Quisiera enviar a Vd. y a su esposa mi agradecimiento por el amable recibimiento que me dispensaron en su casa. No solo el letrero de la puerta de su habitación sino –tengo que confesarlo– su rostro dejaban ver su excesivo trabajo. Por lo que comprendí qué regalo suponía el tiempo que nos dispensó, el que me dedicó a mí especialmente. Por lo tanto, el agradecimiento junto a una petición: no se gaste y consérvese en lo posible. Todavía durante mucho tiempo es Vd. indispensable [...] Una vez más mi agradecimiento y saludos cordiales de mi mujer y de mí para Vd. y para el círculo de sus comensales en el que tan amablemente fui recibido.*
>
> Rudolf Bultmann[1]

Es una tarde otoñal en Europa. Escenario: el living de la casa de Karl Barth en Basilea. Participantes: Karl Barth, como anfitrión, Emil Brunner y Paul Tillich como invitados. Tema: "La teología, su presente y sus proyecciones a futuro". Sentados en cómodos sillones,

---

1. Rudolf Bultmann, Carta manuscrita enviada a Karl Barth, redactada en Marburgo el 6 de abril de 1945, enviada según sello de correos el 7 de mayo de 1934, incluida en *Karl Barth-Rudolf Bultmann 1922-1966*, Bernd Jaspert, editor, trad. José Arana, Descleé de Brouwer, 1973, p. 135.

disfrutando del sol primaveral que se cuela por las ventanas, a los tres se los nota tranquilos, relajados, dispuestos a debatir animadamente sobre la amada de los tres: la teología. Barth les sirve café bien caliente y unas galletitas dulces. Luego de unos instantes de silencio solo interrumpido por el ruido de las cucharitas en las tazas, comienza el diálogo:

Barth: Estimados amigos y colegas, gracias por aceptar mi invitación y por honrarme con vuestra presencia.

Brunner: ¡Al contrario, maestro! Es para nosotros, y para mí particularmente, una honra haber sido invitado por usted para hablar de temas de común interés.

Tillich: En mi caso, además de sorprendido por tan gentil invitación, es una oportunidad magnífica participar con ustedes en este diálogo.

Barth: ¡Soy yo el más honrado con vuestra presencia! Pero bueno, dejemos de lado los halagos que considero genuinos, para entrar directamente en tema: ¿qué es la teología para ustedes?

Tillich: Estimado profesor, siempre consideré a la teología como la interpretación metódica de los contenidos de la fe cristiana.

Barth: Y usted, amigo Emil, ¿qué piensa? ¿Cómo define a la teología?

Brunner: En mi opinión, la teología es doctrina o enseñanza cristiana sobre Dios, el hombre, Cristo y la salvación. Así la entiendo yo.

Barth: Puedo coincidir con ustedes en términos generales, pero para mí, la teología sirve a la Iglesia sirviendo a la predicación de la Palabra.

Tillich: ¿Solo a la Iglesia? ¿Dónde queda el mundo y la cultura en esa definición tan eclesiástica?

Barth: Es que mediante la predicación de la Palabra se hace un servicio a través de la Iglesia al mundo. Pero permítanme leerles una definición más formal que he escrito no hace mucho tiempo. (Barth saca una hoja de su escritorio y lee.) "Dogmática es la ciencia en la cual la Iglesia, según el estado actual de su conocimiento, expone el contenido de su mensaje críticamente, es decir, midiéndolo por medio de las Sagradas Escrituras y guiándose por sus escritos confesionales." ¿Qué les parece esta definición?

Brunner: Tengo problemas en llamar a la teología una "ciencia". ¿De qué tipo de ciencia estamos hablando? ¿Cuál es su base epistemológica? ¿Es ciencia teórica o ciencia práctica? ¿Qué opina Ud. estimado Paul?

Tillich: Esta es una muy larga discusión. Resulta interesante que tanto los que adhieren a la idea de que la teología es una ciencia teórica como los que piensan que es una ciencia de orden práctico, abrevan en Aristóteles y su *Metafísica*. Según qué fragmento del maestro estagirita citen, pueden fundamentar una posición o la otra. Por ejemplo, para Santo Tomás, la teología era una ciencia teórica mientras que para Duns Escoto era una ciencia práctica. ¡Y ambos se basaban en Aristóteles!

Barth: Lo importante es que —más allá de vuestras atendibles observaciones sobre mi definición— siempre tengamos en cuenta que el sujeto que hace teología es la Iglesia y que su contenido siempre debe ser medido por la regla de fe: las Sagradas Escrituras y guiándose por sus escritos confesionales. Pero su objetivo no es otro que exponer el contenido de su mensaje, el Evangelio.

Tillich: Bueno, ¿dónde quedan entonces otros recursos a los que apela la teología? Recordemos todo el bagaje helénico que atraviesa el discurso teológico desde los padres alejandrinos en adelante. La teología se hace no solo con los textos de la Biblia sino también con el concurso de otras fuentes como son la filosofía, las ciencias sociales, en fin, todo lo que la cultura pone a nuestra disposición.

Brunner: ¡Muy cierto! Como también lo es ver cómo hay una *analogía entis* entre Dios y lo creado. Trato de expresarlo mejor: "La tarea de nuestra generación teológica es la de hallar nuevamente el camino hacia una verdadera *theologia naturalis*. Y estoy convencido de que se hallará."

Barth (gritando con tanta energía que hace ladrar al pastor alemán que retoza cerca de la estufa a leña): ¡*Nein*! Desde 1916 en adelante, cuando comencé a recuperarme algo de los efectos de mis estudios teológicos y de las influencias de la teología liberal en aquellos años de la primera guerra, mi opinión de la tarea de nuestra generación teológica ha sido ésta: tenemos que aprender nuevamente a entender la revelación como *gracia* y la gracia como *revelación*, y así resistir toda *Theologia naturalis*, sea 'verdadera' o 'falsa'. No podemos reducir la importancia de la revelación de Dios en el Verbo encarnado. No hay ninguna analogía posible entre Dios y la criatura. Como decía Kierkegaard: Dios es el totalmente Otro y por lo tanto no debemos confundir al Creador con la criatura.

Tillich: No es mi intención defender a Emil –que bien puede defenderse solo– pero creo que hay algo de verdad en su posición. Tenemos que profundizar el tema de la revelación general de Dios y sus alcances. Algunos rasgos de esa revelación, como bien saben, están en Salmo 19 donde el salmista dice que los cielos cuentan la gloria de Dios, en Romanos 1 donde afirma Pablo que Dios se ha revelado mediante su creación y que quienes vivieron sin ley son ley para sí mismos. E inclusive Pablo en Atenas reconoce que Dios no estaba lejos de los griegos que lo escuchaban porque, citando a un autor de ellos, "en él vivimos, nos movemos y somos".

Barth: Estimado Paul... ahora usted no me va a decir que teología y filosofía son dos caminos iguales en la búsqueda de Dios.

Tillich: No, por cierto. Pero ambos tienen convergencias.

Barth y Brunner (al unísono): ¿Cuáles?

Tillich: Intento explicarles. Tanto el filósofo como el teólogo buscan el ser, la realidad y la totalidad de lo real. Aunque ambos tienen actitudes cognoscitivas, el filósofo intenta mantenerse a distancia del ser. El teólogo, al contrario, se mantiene comprometido y vinculado enteramente al ser. Ambos coinciden en su apelación al *Logos*. El filósofo, al *Logos* como principio de todas las cosas y que hace que nuestro mundo no sea un caos sino un cosmos. El teólogo también habla del *Logos*, aunque su referencia es al logos hecho carne en Cristo.

Barth (interrumpiendo): Bien Paul, pero hasta ahora usted nos ha hablado solo de las diferencias. ¿Cuáles son las coincidencias?

Tillich: Son varias. El filósofo y el teólogo "existen". Tanto el uno como el otro no pueden evitar estar condicionados. Tanto el filósofo como el teólogo están sujetos al poder de una preocupación última. Creo que en todo filósofo creador hay un teólogo latente.

Brunner: ¿Y viceversa?

Tillich: Sí, pero siempre que nos refiramos a un teólogo sistemático que, como tal, usa conscientemente la filosofía como instrumental de análisis.

Barth: Pero, ¿usted cree que puede haber conflicto entre una y otra disciplina? ¿Se puede hacer una síntesis de ambas?

Tillich: No creo que exista conflicto alguno entre filosofía y teología, dado que tampoco es posible hacer una síntesis de ambas. Falta una base común para ello. El cristianismo, por otra parte, no necesita de una "filosofía cristiana" en el sentido más restringido. Es más: dondequiera que el *Logos* universal actúe, ha de armonizar con el mensaje cristiano. Toda verdad, como decía Santo Tomás, en última instancia viene de Dios.

Barth: Estimado Paul, gracias por su extensa explicación. No estoy totalmente de acuerdo con ella, pero suena lógica y atendible. A todo esto, ¿qué es de su vida, estimado Emil? ¿Siempre sigue produciendo nuevos textos?

Brunner: Efectivamente, estimado profesor Barth. Ya casi está terminada mi sistemática que, como usted sabe, la he titulado "Doctrina cristiana" ya que entiendo que está siempre vinculada a lo que cree la Iglesia. Pero ahora estoy terminando otro libro.

Barth: ¡Qué bueno! Cuéntenos un poco...

Brunner: ¡Con gusto! Se trata de un libro cuyo título es *La esperanza del hombre*. Una manera de continuar mis reflexiones vertidas en *La verdad como encuentro*, pero ahora, volcada al tema del ser humano y su destino.

Tillich: ¡Qué buen tema! ¡Adelante Emil!

Brunner: Pues bien, parto del postulado bultmanniano de la "desmitologización" del Nuevo Testamento, con lo cual, según opinión de algunos, terminó eliminando la escatología.

Barth (interrumpiendo): ¡En eso estamos de acuerdo! Yo ya he discutido mucho ese tema con el propio Bultmann. Lamento que hoy no haya podido venir porque tenía un encuentro con Heidegger en Marburgo. Hace unos meses me visitó aquí y mantuvimos un diálogo muy enriquecedor para ambos. Él ya había leído mi comentario a Romanos en su segunda edición y me dijo que le había gustado mucho. Más allá de que no coincido con su hermenéutica, me parece un teólogo honesto y fiel a lo central del kerigma: la cruz de Cristo que, como él dice, es el verdadero escándalo con el que hay que confrontar al hombre moderno. De paso: Bultmann también disfruta mucho de la música de Mozart y en más de una ocasión lo he invitado al café *Eddelweiss* para deleitarnos juntos en esa maravillosa música. Pero... disculpe esta digresión, estimado Emil... continúe...

Brunner: ¡Me alegro que en algo coincidimos! Yo también disfruto de Mozart, aunque creo que Bach es insuperable. Entonces –volviendo a mi tema– me parece que lo que nos queda de la escatología de Bultmann no es la esperanza en un futuro eterno sino una nueva autocomprensión del hombre actual, que se realiza en una decisión última que es "el momento escatológico" del kerigma en el cual se confronta al hombre para que tome una decisión. En breve: la teología de Bultmann se orienta a una escatología sin esperanza, a un kerigma sin esperanza. Eso no impide que reconozcamos el gran trabajo, sobre todo exegético, del profesor Bultmann y su gran creatividad para reinterpretar el Nuevo Testamento en vertiente heideggeriana.

Barth: ¡Excelente! Yo también tengo mis serios cuestionamientos a Bultmann. Insisto que nunca entendí su método de la "desmitologización" del kerigma neotestamentario, pero todo su esfuerzo por centrar el Evangelio en la cruz de Cristo me parece válido.

Brunner: Coincido. No hay necesidad de desmitologizar el kerigma centrado en la cruz de Cristo para predicarlo al mundo moderno.

Barth: ¿Qué opina usted estimado Paul?

Tillich: Me parece muy oportuno y necesario recuperar la esperanza. Porque si la teología no genera esperanza, ¿para qué sirve?

Brunner: Gracias por su aprecio a mi trabajo, distinguido Paul.

Barth (levantándose de su sillón): Estimados colegas, ¿les gustó el café?

Tillich y Brunner (al unísono): ¡Excelente!

Barth: ¡No lo van a creer! Pero lo reservé desde hace años para este momento tan especial. Exactamente desde 1934 cuando, redactando las tesis de Barmen me ofrecieron un café brasileño. Con ese café entendí que mientras la iglesia luterana hacía la siesta, la iglesia reformada se mantuvo despierta para redactar esa confesión que exalta a Cristo como el único *kyrios*. Me gustó tanto que, al advertirlo uno de los asistentes cuyo nombre no recuerdo, me obsequió con medio kilo de ese rico café sudamericano.

Tillich: ¡Qué notable!

Brunner: ¡Gracias por el honor que nos ha concedido, estimado maestro!

Barth: ¡El honor ha sido para mí! Y... teniendo en cuenta las diferencias de nuestras teologías y nuestras tradiciones... ¿qué les parece si nos unimos en lo que verdaderamente nos une: la Oración del Señor?

Los invitados aceptaron la sugerencia de Barth. Se pusieron de pie y, tomados de la mano, recitaron el Padrenuestro.

Se venía la noche. Un pájaro cantó. Se oyó luego el ruido del motor de un Wolkswagen que venía a buscar a los ilustres visitantes. Los tres se dieron la mano y un abrazo y luego solo quedó la imagen del auto que se perdía lentamente en el horizonte.

Capítulo 8

Juan Stam: el último discípulo

> *"Barth me buscó y me dijo: 'Mira Herr Stam, no voy a hacerte preguntas buscando lo que no sabes, sino que te dejaré hablar para mostrar lo que sí sabes'."*
>
> Juan Stam

Entrevista a Juan Stam realizada el 11 de mayo de 2017 en su casa en San José, Costa Rica.

Roldán: Bueno, la idea es conversar contigo porque eres el último testigo viviente de los discípulos de Barth en Hispanoamérica. A mí me consta que Emilio Castro, metodista uruguayo, también fue su discípulo, y otro fue un nicaragënse residente en México, pastor bautista. ¿Te acuerdas? Rolando Gutiérrez-Cortés —yo conversé con él en México en su iglesia y él me dijo que estudió con Barth—, pero el tercer estudiante latinoamericano que estudió con Barth eres tú, que quedas como testimonio viviente sumamente importante de la teología de Barth. Entonces quería conversar contigo un poco sobre Barth, porque este último libro que yo escribí y publiqué en Argentina, *Hermenéutica y signos de los tiempos*, recorre el modo en que el

Reino de Dios ha sido interpretado en la Antigüedad, la Edad Media, la Modernidad y la Posmodernidad. ¿Qué te parece?

Stam: Buen método, buen análisis.

Roldán: Esa es la idea. Entonces, el último capítulo lo dedico a Karl Barth y reviso las distintas ediciones de su comentario a la Carta a los Romanos y advierto que él va modificando su perspectiva sobre Romanos. Sin embargo, en todas esas ediciones, Barth se muestra como un hermeneuta incluido dentro de la hermenéutica de texto. A él no le interesaba saber cómo recibieron la carta los primeros destinatarios, los romanos, porque ya no están, sino que le interesaba el mensaje de Pablo a los hombres y mujeres del siglo XX. Era así, ¿no?

Stam: Sí, así es.

Roldán: Entonces quería conversar contigo en cuanto a Barth. ¿Cómo lo conociste? ¿Cuándo estudiaste con él?

Stam: Bueno, fuimos a Basilea en 1961. Recuerdo cuando saludé a Barth la primera vez. Le dije que venía de Costa Rica y dijo: "—Ah, revoluciones, ¿verdad?"

Roldán: ¿Fue lo primero que dijo?

Stam: Y yo le dije: "—No, en Costa Rica hay gobiernos estables". Entonces Barth respondió: "—Tiene terremotos".

Roldán: Ah, sí. Igual hay algo inestable. [Risas]

Stam: Y algo del final de mis estudios con Barth: ya en el '64, había mucho pánico entre los candidatos norteamericanos al doctorado, especialmente en relación a Cullmann.

Roldán: Oscar Cullmann, sí.

Stam: Y claro, nuestro punto débil era el latín. Entonces, mi profesor guía me dijo: "—Léelo como si fuera español y capta la idea que puedas...y, tranquilo".

Roldán: Sí.

Stam: Y Barth me buscó y me dijo: "—Mira Herr Stam, no voy a hacerte preguntas buscando lo que no sabes, sino te dejaré hablar para mostrar lo que sí sabes".

Roldán: Qué bien.

Stam: Muy humano... muy respetuoso.

Roldán: ¿Y cómo fue que fuiste a estudiar con él? ¿Era en Basilea?

Stam: En Basilea.

Roldán: ¿Y qué cursos tomaste con él?

Stam: Bueno, uno que recuerdo: el tercer libro de la "Institución de Calvino". Había tres tipos de cursos. Primero, conferencia dictada, que fue el libro "Introducción a la Teología Evangélica". Segundo, seminario, donde Barth interrogaba a los estudiantes rigurosamente. Eso fue el tercer libro de la "Institución de Calvino". Y tercero, coloquio, donde los estudiantes interrogamos a Barth. Y bueno, me tocó el turno, escogí un pasaje muy difícil sobre la predestinación y el juicio eterno en base al que, como evangélico norteamericano, digamos, le armé un argumento que le gustó, le impresionó bien, terminando con San Juan 5: "Saldrán de sus tumbas, de sus sepulcros, unos para..."

Roldán: Vida eterna...

Stam: ...y otros para condenación. Y "—Bien —dijo Barth— su argumento es muy fuerte, pero quiero hacerle una pregunta. El texto entero dice: *Los que han hecho el bien resucitarán a vida eterna. ¿Tú has hecho el bien?*" [Risas] Le contesté: —No, pero Jesucristo en mi lugar. Y me dice: "—¿Y solo el lugar tuyo?" Ya estaba ahogándome como gato.

Roldán: Sí, y, ¿es verdad que él era muy gracioso, que hacía muchos chistes?

Stam: Uh, sumamente...

Roldán: El teólogo humorista.

Stam: Ah, sí sí. Y bueno, para terminar el relato con algo sobre su humor, entonces me dijo: "—Si depende si Cristo hizo el bien, la obediencia activa de Jesús solo para todos los que han puesto su fe en Cristo, ¿no te parece eso salvación por las obras?" Ahí abandoné el campo.

Roldán: [risas].

Stam: Pero fue muy emocionante el encuentro, muy positivo.

Roldán: Claro. ¿Y cuánto tiempo duraron tus clases con él?

Stam: El programa duró tres años. Estrictamente dos años, y un anexo, un epílogo para el examen, los exámenes orales...

Roldán: Claro. ¿Cómo dictaba, en francés o en alemán?

Stam: En alemán y en inglés. Alemán de Basilea.

Roldán: ¿Por qué razón el mundo evangélico demoró tanto en recibir a Barth como un teólogo que le puede enseñar a la Iglesia evangélica en América Latina? ¿Y por qué razón, estimado Juan, Karl Barth es considerado fundamentalista por parte de los liberales mientras que los fundamentalistas lo consideran liberal?

Stam: Bien, gran pleito entre liberales y fundamentalistas, básicamente.

Roldán: Claro, sí, sí.

Stam: Los fundamentalistas, o los protestantes evangélicos tradicionales, no pudieron responder adecuadamente. El fundamentalismo no fue respuesta adecuada al liberalismo.

Roldán: Siempre recuerdo a un gran teólogo que seguramente has estudiado, Helmut Richard Niebuhr, que en su libro *The Kingdom of God in America* define el liberalismo de manera magistral: "—Un Dios sin ira introduciría a hombres sin pecado en un cielo sin juicio mediante las ministraciones de un Cristo sin Cruz".

Stam: Brillante.

Roldán: Admiro mucho a Reinhold Niebuhr y a Helmut Richard Niebuhr.

Stam: Sí, los dos hermanos.

Roldán: Me disculpas (por tu origen estadounidense y todo)… pero no rescato tantos teólogos de esa región americana.

Stam (Opina espontáneamente su esposa Doris): "Él siempre dice que es de una familia holandesa. No es gringo."

Roldán: No es gringo [risas]. A veces digo en las clases: "—Disculpen que no tengo tanto para rescatar". Pero algunos son brillantes, como Walter Rauschenbusch, los hermanos Niebuhr… y uno más actual que vive todavía, Harvey Cox.

Stam: Pero bien, sabes que Barth sostenía la resurrección corpórea de Cristo.

Roldán: Claro, sí. Él era muy concreto en eso.

Stam: Sí, muy explícito.

Roldán: Y en cuanto a la Trinidad, algunos lo acusaban de modalismo. ¿Qué puedes decir?

Stam: Bueno, su teoría era cristocéntrica, es así.

Roldán: Bien cristocéntrico. Pero él hablaba de tres modos de Dios: Padre, Hijo y Espíritu Santo.

Stam: Pero son modos de ser, no modos de actuar.

Roldán: Ahí está, claro, no es el modalismo.

Stam: Yo veo cierta validez en el modalismo como tal, y veo a Barth trinitario, pero veo cuestionables las teorías trinitarias que parecen triteístas. Y Barth se esforzaba mucho por evitar eso.

Roldán: Para evitar el triteísmo.

Stam: Exacto.

Roldán: Y también el uso equívoco de "persona", que no es lo más adecuado porque si son tres personas, es muy cercano a triteísmo. Es una cuestión de términos también.

Stam: Calvino habla de la Trinidad como un Dios que subsiste, no que existe. Que subsiste en tres distinciones personales. Y yo creo que esa sería la postura de Barth en este tema.

Roldán: Ya que hablas de Juan Calvino, ¿hasta qué punto Karl Barth era calvinista? Sabemos que respetaba mucho al maestro francés, y lo dice, pero, ¿cuál es la relación de Barth con Calvino?

Stam: Yo creo que era profundamente calvinista. Se sentía muy en deuda con los ortodoxos del siglo XVII. A todos sus alumnos les daba una pregunta para la defensa oral que versara sobre los ortodoxos escolásticos protestantes, a quienes muchos rechazaban. Pero Barth dijo que a él lo salvaron los ortodoxos y tenía confianza en la inspiración de las Escrituras.

Roldán: Sí, creía también en la inspiración.

Stam: Sí, pero no estática.

Roldán: Claro, ni mecánica tampoco... como dictado.

Stam: Menos. Porque, ¿dónde está si no el concurso humano ahí? O sea, yo digo esto a los alumnos nuevos que tengo: que así como aceptamos las dos naturalezas en Jesucristo, la unión hipostática, también la Biblia es divina y humana. Si no se acepta esta última dimensión, caemos en la teoría del dictado, según la cual los escritores bíblicos fueron simplemente autómatas. Como secretarios. Entonces, según Barth, el autor bíblico fue inspirado y es de nuevo inspirado cuando el Espíritu Santo habla a un predicador. Para Barth los sermones son revelación...

Roldán: Sí, él tenía tres formas de la palabra de Dios: Jesucristo como el *Logos* encarnado, la Biblia que da testimonio de Jesucristo y la proclamación.

Stam: Eso es. Exacto.

Roldán: Pero él dice: "—Pero recuerden siempre que son hombres que hablan de Dios". Dios puede estar presente o no, soberanamente. Pero no es que todo discurso que damos sea Palabra.

Stam: La predicación es revelación cuando Dios habla. Y eso es lo que significa inspiración de Dios. "Inspiración" no es la palabra más apta. Creo que es en Proverbios que dice: inspiración de Dios es la conciencia humana. Pero una confluencia, una acción especial del Espíritu de Dios en los actores humanos. Sin aniquilar su individualidad...

Roldán: Su personalidad...

Stam: Su cultura...

Roldán: Su cultura, su contexto histórico...

Stam: Sí. No creo en la inerrancia de las Escrituras.

Roldán: No, no, claro.

Stam: Ni en la categoría errante e inerrante.

Roldán: Sí, bueno, eso es posterior y es del fundamentalismo.

Stam: Sí, sí. Calvino, sobre un pasaje donde Mateo claramente se equivoca, atribuyendo a Jeremías un texto de Zacarías, dice: "—Bueno, a Mateo le falló la memoria". [Risas] Sin pelos en la lengua.

Roldán: ¡Qué bueno!

Stam: La inerrancia no era un asunto de Barth...

Con esa última referencia dimos por terminada la entrevista, no sin antes agradecer al maestro por su gentileza de recibirme en su propia casa. Le di un fuerte abrazo y un saludo fraterno a su querida esposa. Él nos acompañó hasta el portón de su finca. Yo había cumplido mi sueño de entrevistar al último discípulo de Barth en América Latina.

Conclusión

A lo largo de esta exposición hemos mostrado la importancia de Karl Barth para la teología cristiana del siglo 20. Y decimos "cristiana" porque su obra supera los márgenes de una teología meramente "protestante" o "evangélica", para afectar también el ámbito católico, en pensadores de la talla de Hans von Balthasar y Hans Küng, entre otros. La teología de Barth es una "teología de la crisis" porque surge precisamente en el transcurso de la Primera Guerra Mundial, pasando luego por el surgimiento del nazismo y la Segunda Guerra Mundial. En medio de esas crisis se erige el pensamiento barthiano como una respuesta a una teología liberal que ya no tenía mensaje para ese mundo. La teología de Schleiermacher ofreció un aporte a su época, pero la misma ahora había cambiado. Se necesitaba liberar a la teología del lecho de Procusto en que había sido confinada por el subjetivismo pietista. Barth lo hace a partir de su comentario a la carta a los Romanos y luego mediante una teología sistemática desligada en lo posible de las influencias filosóficas, privilegiando la exégesis bíblica y recurriendo a las fuentes patrísticas y de la Reforma Protestante. Es una vuelta a esa tradición, pero de modo crítico, prueba de lo cual son sus objeciones a la teología de Calvino sobre el tema de la predestinación. La preocupación de Barth es cómo hacer relevante el mensaje del Evangelio de la libre gracia de Dios en un mundo desencantado. Logra con creces su objetivo, poniendo nuevamente en el centro la Palabra de Dios, entendida en el triple sentido de Jesucristo, la Biblia y la proclamación. Se trata, en suma, de una teología de la Palabra de Dios en la cual puede oírse de nuevo la *viva vox Evangelii*.

En el segundo capítulo tomamos como eje de discusión un ensayo del filósofo argentino Vicente Fatone que ubica a Barth dentro de los pensadores existencialistas. De ese texto su discípulo uruguayo, Emilio Castro, le comentó a Barth que el filósofo argentino había escrito ese texto y objetaba que, en el mismo, Barth no se refiere al mundo animal. Inquietos por este dato, conseguimos la obra en cuestión y, para nuestra sorpresa, el capítulo que Fatone dedica a Barth es un recorrido profundo en toda la obra barthiana. La conclusión es que si Barth puede ser considerado "teólogo existencialista", en todo caso no lo es en la perspectiva de Heidegger sino más bien de Kierkegaard, toda vez que términos como fe, desesperación y decisión son de recurrente mención por parte de Barth, a lo cual se agrega su afirmación de que Dios es "el Totalmente Otro".[1]

En el capítulo 3 hemos expuesto uno de los textos más enérgicos de la primera etapa de Barth: la contradicción entre revelación y religión. Barth pone en claro que la religión, considerada como fenómeno histórico y social, es un intento humano por llegar a Dios prescindiendo de la revelación. Es por eso que se trata de un intento fallido, toda vez que Dios solo puede ser conocido mediante su autorrevelación en Jesucristo. Barth advierte del peligro de que el propio cristianismo sea afectado por ese síndrome de la religión que pone al ser humano en el centro y no a Dios. Más allá de las críticas que el planteo de Barth puede recibir, su mensaje es claro: la revelación de Dios en Jesucristo destruye todo intento humano por conocer a Dios prescindiendo de esa revelación y nos advierte del peligro que

---

1. Gustavo Gutiérrez se hace eco de esta designación de Dios por parte de Barth: "Dios, es el 'totalmente Otro', según la conocida expresión de K. Barth, es decir, aquel que es completamente diferente pues eso es lo que santo quiere decir." *El Dios de la vida*, 2da. edición, Sígueme, Salamanca, 1994, p. 68.

Conclusión

siempre acecha a la Iglesia de convertirse en un nuevo espacio de incredulidad.

El capítulo 4, "Iglesia, sociedad, Reino de Dios y política", es una reflexión sobre los textos que Barth produce en torno al tema y, también, de sus diálogos fecundos con colegas y estudiantes de Europa y Estados Unidos. Con claridad meridiana, Barth distingue entre comunidad cristiana y comunidad civil, cada una de las cuales tiene un papel indelegable que realizar en el mundo. Pero afirma a su vez que la comunidad cristiana tiene también una función política, dado que está en el mundo. También advierte sobre el peligro de construir "partidos políticos cristianos" o identificar el Reino de Dios con ideologías humanas: aunque estas sean imprescindibles como mediaciones, nunca deben serlo como fines. En cualquier caso, la acción en la cual los cristianos y cristianas están llamados y llamadas a participar es eminentemente humana con todo lo que ello implica. No es algo celestial, sino terrenal y realizada dentro de las contradicciones de la historia. Creemos que este capítulo, por su naturaleza y contenido, adquiere inusitada relevancia en la actualidad de América Latina, donde el crecimiento exponencial de los evangélicos les ha conducido a entrar decididamente en la arena política, en muchos casos sin la preparación que tal involucramiento exige.

En el capítulo 5 exponemos la decidida crítica que Barth encara hacia el nazismo, pronunciándose enérgicamente en su contra, posicionamiento que queda patentizado en las famosas *Tesis de Barmen* donde el teólogo reformado rechaza las pretensiones hegemónicas del Führer y afirma que Jesucristo es el único Señor de todas las realidades y a Él le debemos total obediencia. La reiterada afirmación de

Barth a favor de la justicia social y de estar siempre a favor de los pobres y desprotegidos es una muestra cabal de que frente a la injusticia y la pobreza no se puede ser neutral.

En el capítulo 6 exponemos la influencia de Barth en América Latina, cuyo pensamiento cala hondo en espacios de reflexión teológica que, pese a sus diferencias, reciben esa impronta. Nos referimos a Iglesia y Sociedad en América Latina (ISAL), la Fraternidad Teológica Latinoamericana (FTL) y la teología de la liberación. En modo especial, profundizamos en tres de los discípulos latinoamericanos de Barth: Emilio Castro, Rolando Gutiérrez-Cortés y Juan Stam.

El capítulo 7 es un diálogo "ficticio" entre Barth, Brunner y Tillich. Decimos "ficticio" entre comillas, porque quienes han recorrido la vida y obra de Barth percibirán que su contenido es plenamente histórico, solo que se elabora mediante el recurso literario de la ficción.

La obra se cierra con una entrevista a Juan Stam, "el último discípulo" que, con enorme gentileza accedió a la misma refiriéndose a su experiencia de estudiante de Barth en Basilea. Esa entrevista me confirmó que, como decía Bonhoeffer respecto a Barth, "Juan Stam es superior a sus libros".

Confiamos que el recorrido estos textos haya motivado a los lectores y las lectoras a profundizar aún más en la obra de Karl Barth, un teólogo ineluctable, signo de contradicción, divisoria de aguas. Una teología que, al asumirse humana, siempre se queda en puntos suspensivos...

BIBLIOGRAFÍA

ALVES, Rubem, *Religión: ¿opio o instrumento de liberación?*, trad. Rosario Lorente, prólogo de José Míguez Bonino, Tierra Nueva, Montevideo, 1970.

AMAYA, Ismael E., "La inspiración de la Biblia en teología latinoamericana" en Pedro Savage et. al., *El debate contemporáneo sobre la Biblia*, Ediciones Evangélicas Europeas, Barcelona, 1972.

ARANA QUIROZ, Pedro, "La revelación de Dios y la teología en Latinoamérica" en Pedro Savage et. al., *El debate contemporáneo sobre la Biblia*, Ediciones Evangélicas Europeas, Barcelona, 1972.

BARTH, Karl, *Al servicio de la Palabra*, trad. Basili Girbau, Sígueme, Salamanca, 1985.

BARTH, Karl, *Carta a los Romanos*, trad. Abelardo Martínez de la Pera, Biblioteca de Autores Cristianos, Madrid, 1998.

BARTH, Karl, "Carta a mis amigos de Francia", *Revista Luminar*, México, Nro. 3, año 1940.

BARTH, Karl, *Church Dogmatics I.i, The Doctrine of the Word of God*, G. W. Bromiley, T. &T. Clark, Edinburgo, 1975.

BARTH, Karl, *Comunidad civil y comunidad cristiana*, trad. Diorki (Andrés Sánchez Pascual), Fontanella y Marova, Barcelona, 1976 (la misma obra fue publicada de la edición francesa con traducción de Elizabeth Lindenberg de Delmonte en Montevideo por la Unión Latinoamericana de Juventudes Evangélicas, 1967, con prólogo de Emilio Castro).

BARTH, Karl, *Die Auferstebung der Toten*, Zürich, 1953.

BARTH, Karl, *Esbozo de dogmática*, trad. José Pedro Tosaus Abadía, Sal Terrae, Santander, 2000 (primera edición en castellano: Bosquejo de dogmática, trad. Manuel Gutiérrez-Marín, La Aurora, Buenos Aires, 1954).

BARTH, Karl, *Ensayos teológicos*, trad. Claudio Gancho, Herder, Barcelona, 1978.

BARTH, Karl, *Fé em busca de compreensão. Fides Quarens Intellectum*, trad. s/datos, Novo Século, San Pablo, 2000.

BARTH, Karl, "First Letter to the French Protestants", traducción inglesa de *A Letter to Great Britain from Switzerland*, Sheldon Press, Londres, 1941.

BARTH, Karl, Eberhard Busch, editor, *Karl Barth in conversation*, volume 1, 1959-1962, Westminster John Knox Press, Louisville, 2017.

BARTH, Karl, *Introducción a la teología evangélica*, trad. Elizabeth Linderberg de Delmonte, La Aurora, Buenos Aires, 1986.

BARTH, Karl, "La humanidad de Dios" en *Ensayos teológicos*, trad. Claudio Gancho, Herder, Barcelona, 1978.

BARTH, Karl, *La oración*, trad. José Míguez Bonino, La Aurora, Buenos Aires, 1978.

BARTH, Karl, *La proclamación del Evangelio*, trad. Francisco Báez, Sígueme, Salamanca, 1969.

BARTH, Karl, *La revelación como abolición de la religión*, trad. Carlos Castro, Marova-Fontanella, Madrid-Barcelona, 1973.

BARTH, Karl, "Pobreza", en *Karl Barth. Dádiva e Louvor*, 2da. Edición, Editora Sinodal, São Leopoldo, 1986, p. 352.

BARTH, Karl, *The Theology of John Calvin*, trad. Geoffrey W. Bromiley, Eerdmans, Grand Rapids, 1995.

BARTH, Karl, *The Word of God and the Word of Man*, Harper & Row, Nueva York, 1957.

BENZO, Miguel, *Hombre profano-Hombre sagrado. Tratado de antropología teológica*, Cristiandad, Madrid, 1978.

BERKOUWER, G. C., *The Triumph of the Grace in the Theology of Karl Barth*, Eerdmans, Grand Rapids, 1956.

BOLT, Peter G. Bolt, "The interruption of grace and the formation of a Christian community: Soundings in Barth's earliest exegetical writings" en Michael P. Jensen, *The Church of the Triune God*, Aquila Press, Sydney, 2013.

CASALIS, Georges, *Retrato de Karl Barth*, trad. Franklin Albricias, Methopresss, Buenos Aires, 1966.

CASTRO, Emilio, "La situación teológica de Latinoamérica y la teología de Karl Barth", en *Cuadernos teológicos*, Nro. 18-19, Facultad Evangélica de Teología, Buenos Aires, 1956, pp. 5-16.

CORNU, Daniel, *Karl Barth, teólogo da liberdade*, Editora Paz e Terra, Rio de Janeiro, 1971 (original francés: *Karl Barth et la politiqué*, Labor et Fides, Ginebra, 1968).

DAVIES, Paul J., *Faith Seeking Effectiveness: The Missionary Theology of José Míguez Bonino*, Tesis de doctorado en teología, Universidad de Utrecht, 2006.

DE SANTA ANA, Julio, "Algunas referencias teológicas actuales al sentido de la acción social" en Rodolfo Obermüller *et. al.*, *Responsabilidad social del cristiano*, ISAL, Montevideo, 1964, p. 33.

DE SANTA ANA, Julio, "Introducción a Karl Barth", *Víspera*, Nro. 3, Montevideo, 1969.

FATONE, Vicente, *La existencia humana y sus filósofos*, Editorial Raigal, Buenos Aires, 1953.

FATONE, Vicente, *Mística y religión*, Universidad Nacional de Córdoba y Las cuarenta, Buenos Aires, 2009.

FIERRO, Alfredo, *La imposible ortodoxia*, Sígueme, Salamanca, 1974.

FIGUEROA, Rigoberto. Comunicación por email. 5 de marzo de 2019.

GADAMER, Hans-Georg, *La dialéctica de Hegel*, trad. Manuel Garrido, Editora Nacional, Madrid, 2002.

GALLI, Mark, *Karl Barth. An Introductory Biography for Evangelicals*, Eerdmans, Grand Rapids, 2017.

GIBELLINI, Rosino, *A teologia do século XX*, trad. João Paixão Netto, Loyola, San Pablo, 1998.

GIVONE, Sergio, *Historia de la nada*, 2da. Edición, trad. Alejo González y Demian Orosz, Laura Hidalgo editora, Buenos Aires, 2009.

GÓMEZ-HERAS, José María, *Teología protestante. Sistema e historia*, Biblioteca de Autores Cristianos, Madrid, 1972, p. 168.

GUTIÉRREZ, Gustavo, *El Dios de la vida*, 2da. edición, Ediciones Sígueme, Salamanca, 1994.

GUTIÉRREZ, Gustavo, *Teología de la liberación. Perspectivas*, 4ta. Edición, Sígueme, Salamanca, 1973, p. 28.

GUTIÉRREZ-CORTÉS, Rolando, *Educación teológica y acción pastoral en América Latina, hoy*, México, 1984.

GUTIÉRREZ-CORTÉS, Rolando, "*La Biblia, el uso del presupuesto y claves hermenéuticas*", Boletín teológico Nro. 10-11, Fraternidad Teológica Latinoamericana, setiembre de 1983.

GUTIÉRREZ-MARÍN, Manuel, *Dios ha hablado. El pensamiento dialéctico de Kierkegaard, Brunner y Barth*, La Aurora, Buenos Aires, Año del Libertador San Martín, 1950.

HUSSERL, Edmund, *Meditaciones cartesianas*, trad. José Gaós y Miguel García-Baró, Fondo de Cultura Económica, México, 1986.

JASPERT, Bernd (editor), *Correspondencia Karl Barth-Rudolf Bultmann 1922-1966*, trad. José Arana, Descleé de Brouwer, Bilbao, 1973.

KIRK, Andrew, *Theology encounters Revolution*, InterVarsity Press, Downers Grove, 1980.

LÓPEZ RUBIO, Amós. Comunicación por email. 22 de marzo de 2019.

MACKAY, Juan A., *Prefacio a la teología cristiana*, 3ra. Edición, CUPSA, México,1984.

MACKINTOSH, Hugh Ross, *Corrientes teológicas contemporáneas. De Schleiermacher a Barth*, trad. Justo L. González, Methopress, Buenos Aires, 1964.

MARION, Jean-Luc, *Cuestiones cartesianas*, trad. Pablo E. Pavesi, Prometeo Libros-UCA, Buenos Aires, 2012.

MICHELIN SALOMÓN, Álvaro, Comunicación por email: 21 de marzo de 2019.

MÍGUEZ BONINO, José, *Introducción a Karl Barth, Introducción a la teología evangélica*, trad. Elizabeth Lindenberg de Delmonte, La Aurora, Buenos Aires, 1986.

MÍGUEZ BONINO, José, *Toward a Christian Political Ethics*, Fortress Press, Filadelfia, 1983, p. 80 (versión en castellano: *Militancia política y ética cristiana*, La Aurora, Buenos Aires, 2013).

MOLTMANN, Jürgen, *Teología de la esperanza*, trad. DIORKI (A. P. Sánchez Pascual), Sígueme, Salamanca, 1968.

MULLER, David I., *Karl Barth, Makers of the Modern Theological Mind*, Hendrickson Publishers, Peabody, Massachusetts, 1972.

NEILL, Stephen, *La interpretación del Nuevo Testamento*, trad. José Luis Lana, Ediciones Península, Barcelona, 1967.

NUÑEZ, Emilio A., "La naturaleza del Reino de Dios" en C. René Padilla (editor), *El Reino de Dios y América Latina*, Casa Bautista de Publicaciones, El Paso, 1975.

O' COLLINS, Gerard, *Teología fundamental*, trad. Silvana Cobucci leite, Loyola, San Pablo, 1991.

OPENÊCENSKY, Milan, "La belleza y el servicio de la teología", *Com-Union*, Revista de Información y Análisis Teológico, Órgano oficial de la Comunión Mexicana de Iglesias Reformadas y Presbiterianas (CMIRP), Año 1, Nro. 1, México, enero-junio 2016.

PADILLA, C. René, "La autoridad de la Biblia en la teología latinoamericana" en Pedro Savage, et al, *El debate contemporáneo sobre la Biblia*, Ediciones Evangélicas Europeas, Barcelona, 1970.

PADILLA, C. René, "In memoriam. Un tributo a Karl Barth", *Pensamiento cristiano*, año 16, Nro. 61, marzo de 1969.

PANNENBERG, Wolfhart, *Teoría de la ciencia y teología*, trad. Eloy Rodríguez Navarro, Ediciones Cristiandad, Madrid, 1981.

PANNENBERG, Wolfhart, "Unidad de la iglesia como realidad de la fe y como meta ecuménica" en *Ética y eclesiología*, trad. Víctor Martínez de Lapera, Sígueme, Salamanca, 1986.

PIKAZA, Javier, *Exégesis y filosofía*, Casa de la Biblia, Madrid, 1972, p. 35.

QUINTERO PÉREZ, Manuel-Carlos Sintado, *Pasión y compromiso con el Reino de Dios. El testimonio ecuménico de Emilio Castro*, Ediciones Kairós, Buenos Aires, 2007.

RAMM, Bernard, *La revelación especial y la Palabra de Dios*, trad. Justo L. González, La Aurora, Buenos Aires, 1967.

RIVERA-PAGÁN, Luis N., "Karl Barth and the Origins of Liberation Theology", Princeton Theological Seminary, Barth Center, junio de 2018.

ROSARIO RODRÍGUEZ, Rubén, *Dogmatics after Babel. Beyond the Theologies of Word and Culture*, John Knox Press, Louisville, 2018.

ROLDÁN, Alberto F., *Reino, política y misión. Sus relaciones en perspectiva latinoamericana*, Ediciones Puma, Lima, 2011.

ROLDÁN, Alberto F., *Hermenéutica y signos de los tiempos*, Ediciones Teología y Cultura, Buenos Aires, 2016.

ROLDÁN, Alberto F., "La influencia de Sören Kierkegaard en la teología de Karl Barth" en *Atenas y Jerusalén en diálogo*, Ediciones Puma, Lima, 2015.

ROLDÁN, Alberto F., *La teología de la cruz como crítica radical a la teología de la prosperidad*, UBL, San José, Costa Rica, 2018.

ROLDÁN, Alberto F., "El concepto de revelación en Paul Tillich", *Revista Teología y cultura*, año 2, Nro. 3, 2005 http://www.teologos.com.ar/arch_rev/a_roldan_revelacion_tillich.PDF

ROLDÁN, Alberto F., "La epistemología escatológica en Wolfhart Pannenberg", *Revista Teología y Cultura*, Año 1, Nro. 2, 2004. http://www.teologos.com.ar/arch_rev/a_roldan_pannenberg.PDF

ROLDÁN, Alberto F., *Escatología: una visión integral desde América Latina*, Ediciones Kairós, Buenos Aires, 2002 (segunda edición de esta obra: *Escatología: ¿ciencia ficción o Reino de Dios?* Ediciones Kairós, Buenos Aires, 2018).

ROLDÁN, David A., "Circularidad hermenéutica: poder político y poder religioso" en *La dimensión política del Reino de Dios*, Teología y Cultura Ediciones, Buenos Aires, 2014.

SHARENBERG, Martín. Comunicación por email. 12 de febrero de 2019.

STAM, Juan, Entrevista, San José, Costa Rica, 12 de mayo de 2017 (grabación convertida en texto por la Prof. Mabel Cámara).

STAM, Juan, *Haciendo teología en América Latina. Juan Stam: un teólogo del camino*, Arturo Piedra ed., 2da. Edición, vol. I, Editorial Sebila, San José, 2006.

STAM, Juan, "El peregrinaje teológico de Karl Barth", *Pensamiento Cristiano*, vol. III, 29, setiembre de 1960, p. 6.

TAUBES, Jacob, "Teodicea y teología: un análisis filosófico de la teología dialéctica de Karl Barth" en *Del culto a la cultura. Elementos para una crítica de la razón histórica*, trad. Silvia Villegas, Katz editores, Buenos Aires, 2007.

TODOROV, Tzvetan, *Los géneros del discurso*, trad. Víctor Goldstein, Buenos Aires, Waldhuter, 2012.

TORRES QUEIRUGA, Andrés, *La revelación de Dios en la realización del hombre*, Cristiandad, Madrid, 1987.

UPDIKE, John, *La versión de Roger*, trad. José Ferrer, Plaza & Janes Editores, Barcelona, 1986.

VAN DE POL, H., *El final del cristianismo convencional*, trad. Adelaida Kraan de Colángelo, Ediciones Carlos Lohlé, Buenos Aires, 1969.

Este libro se termino de imprimir
en el mes de Julio de 2019 en
Del Reino Impresores S.R.L.
Av. Cerrito 1169
Bernal - Pcia. de Buenos Aires
Argentina

www.ingramcontent.com/pod-product-compliance
Lightning Source LLC
LaVergne TN
LVHW021236080526
838199LV00088B/4544